essentials

Springer Essentials sind innovative Bücher, die das Wissen von Springer DE in kompaktester Form anhand kleiner, komprimierter Wissensbausteine zur Darstellung bringen. Damit sind sie besonders für die Nutzung auf modernen Tablet-PCs und eBook-Readern geeignet. In der Reihe erscheinen sowohl Originalarbeiten wie auch aktualisierte und hinsichtlich der Textmenge genauestens konzentrierte Bearbeitungen von Texten, die in maßgeblichen, allerdings auch wesentlich umfangreicheren Werken des Springer Verlags an anderer Stelle erscheinen. Die Leser bekommen „self-contained knowledge" in destillierter Form: Die Essenz dessen, worauf es als „State-of-the-Art" in der Praxis und/oder aktueller Fachdiskussion ankommt.

Marcus Sidki

Grundlagen kommunaler Finanzierung und Verschuldung

Dr. Marcus Sidki
UniCredit Bank AG und
Duale Hochschule Baden-Württemberg
Mannheim
Deutschland

ISSN 2197-6708
ISBN 978-3-658-04709-2
DOI 10.1007/978-3-658-04710-8

ISSN 2197-6716 (electronic)
ISBN 978-3-658-04710-8 (eBook)

Die Deutsche Nationalbibliothek verzeichnet diese Publikation in der Deutschen Nationalbibliografie; detaillierte bibliografische Daten sind im Internet über http://dnb.d-nb.de abrufbar.

Springer Gabler

Gedruckt auf säurefreiem und chlorfrei gebleichtem Papier

Springer Gabler ist eine Marke von Springer DE. Springer DE ist Teil der Fachverlagsgruppe Springer Science+Business Media
www.springer-gabler.de

Vorwort

Auf der kommunalen Ebene kann aufgrund langfristig verfehlter struktureller Rahmenbedingungen wie auch aufgrund zu geringer Beachtung von Wirtschaftlichkeitsaspekten im Handeln der Entscheidungsträger von einer Überschuldung gesprochen werden – unter Berücksichtigung der regional ungleichen Verteilung dieser Lasten. Die Verschuldung erfolgt dabei in einem hohen Maße über die Fremdkapitalleihe bei Kreditinstituten. Es sind hier nun zweierlei Tendenzen erkennbar, die dieses Konstrukt in Bezug auf die zukünftige Entwicklung als fragwürdig erscheinen lassen. Zum einen zeigen sich in Konsequenz der anhaltenden Krise Bestrebungen zur schärferen Regulierung des Bankensektors, die sich mitunter advers auf das großvolumige Niedrigmargengeschäft der Kommunalfinanzierung auszuwirken vermag. Zum anderen bewirkt die ausufernde Verschuldung von Kommunen, dass im Rahmen einer risikoadäquaten Portfoliosteuerung Kreditinstitute der – wenngleich regulatorisch unangetastete – Grundsatz der Gleichstellung kommunalen Kreditrisikos mit dem des Staates nicht mehr uneingeschränkt aufrechterhalten werden kann. Der Markt für kommunale Schuldtitel befindet sich demnach in diversen strukturellen Veränderungsprozessen, welche kurz- bis mittelfristig zu vermehrter Unsicherheit der Marktteilnehmer führen werden und insbesondere von den Kommunen erfordert, in diesem veränderten, schwierigeren Umfeld alternative Wege der Finanzmittelbeschaffung zu gehen.

Die vorliegende Abhandlung beleuchtet Grundlagen und Ursachen dieser Entwicklungen unter strikt ökonomischem Fokus und ist Teil der im Jahr 2013 erschienenen Publikation „Asset-Backed Securities – Eine Agency-theoretische Einordnung und Analyse zur Anwendung im kommunalen Sektor" im selben Verlag, welche auf Basis der hiesigen Ausführungen strukturierte Finanzierungsalternativen für Kommunen beleuchtet. Untersucht wird das Anwendungspotenzial von als Asset-Backed Securities (ABS) bekannten Finanzierungstransaktionen zur kommunalen Verschuldung. Bei diesen Transaktionen wird am Kapital- bzw. Geldmarkt durch eine Wertpapieremission Liquidität aufgenommen, die einer Kommune zugutekommt. Diese veräußert als Gegenleistung ein speziell zusammengesetztes Portfolio an Vermögenswerten, aus dessen Zahlungsmittelflüssen sich Zins und Tilgung der Wertpapiere ergeben. Für weitere Details hierzu sei der geneigte Leser auf die Ausführungen im Hauptwerk verwiesen.

Inhaltsverzeichnis

Einleitung

Das Finanzsystem des kommunalen Sektors in Deutschland zeigt in ansteigendem Maße Schwächen bei der Sicherstellung der Stabilität und einer ausreichenden Höhe der Einnahmebasis zur Deckung der entsprechenden Ausgaben auf. Nicht zuletzt durch die Finanz- und Wirtschaftskrise 2007 entstanden zudem in vielen deutschen Kommunen finanzielle Notsituationen, welche mitunter auf seit Jahren anhaltenden Strukturdefiziten basieren. Schwankungsanfällige Einnahmen stehen stetigen und anwachsenden Ausgaben gegenüber, woraus strukturell negative Finanzierungssalden und somit eine zunehmende Notwendigkeit zur Aufnahme kommunaler Verschuldung resultieren. Ferner zeichnen sich Reduzierungen bei der kommunalen Aufgabendurchführung ab, worunter insbesondere die freiwillige Leistungserbringung leidet und in einem immer weiter ansteigenden Investitionsstau mündet.

Ziel der nachfolgenden Abhandlung ist es, die Probleme des gegenwärtigen Finanzsystems sowie deren Ursachen aufzuzeigen. Hierzu wird zunächst in die Systematik und Fundierung des wirtschaftlichen Handelns der Städte und Gemeinden eingeführt (Kap. 1) und insbesondere deren Finanzsystem dargestellt (Kap. 2). Schwerpunktmäßig wird daraufhin in Kap. 3 die Fundierung und der aktuelle Stand der kommunalen Verschuldung behandelt. Letztlich wird in Kap. 4 ein Fazit gezogen.

Eine detaillierte Analyse des kommunalen Sektors erfordert aufgrund der bei den Bundesländern angesiedelten Gesetzgebungskompetenz meist die Beachtung von bis zu 13 unterschiedlichen landesspezifischen Rechtsvorschriften. Dies würde zum einen den Rahmen der vorliegenden Arbeit sprengen und ist zum anderen in Anbetracht der hier verfolgten Zielsetzung wenig hilfreich. Daher wird im Folgenden davon ausgegangen, dass soweit nicht anders vermerkt, die hier erwähnten Regelungen für die Kommunen aller zumindest aber der überwiegenden Mehrheit der Bundesländer gelten.

Kommunale Aktivitäten

1

1.1 Grundlagen kommunaler Aktivitäten

Die moderne Ordnung der kommunalen Verwaltung in ihrer strukturellen Ausgestaltung als Selbstverwaltung geht auf die Gemeindeordnung vom 30. Januar 1935 zurück und wurde in ihren Grundzügen bereits durch die Reformen des Freiherrn vom Stein und insbesondere durch die preußische Städteordnung aus dem Jahr 1808 begründet (Schöneich 2007, S. 716).[1] Inhaltlich bildet die zeitgenössische Lehre der Daseinsvorsorge von Ernst Forsthoff (1938) den Kern der Existenzgrundlage kommunaler Verwaltungssysteme, welche in Deutschland in der Staatsstruktur des föderalen Bundesstaates operationalisiert ist. Die Kommunen stellen hierbei keine selbständige Staatsebene dar, sondern sind vielmehr staatsorganisatorisch den Ländern zugeordnet. Daseinsvorsorge meint die generelle Bereitstellung aller das menschliche Dasein sicherstellenden Güter und Dienstleistungen durch die Staatsebenen.[2] Diese als öffentliche Güter bezeichneten Leistungen unterliegen dabei weniger der Bereitstellung nach der marktwirtschaftlichen Regel von Angebot und Nachfrage. Vielmehr ist es Aufgabe der Staatsebenen, öffentliche Güter in unter wohlfahrtsökonomischen Aspekten optimalen oder aber politisch gewünschten Mengen bereitzustellen. Die Güterversorgung durch die öffentliche Hand ergibt sich daraus, dass derart erwünschte Gütermengen meist nicht vollständig durch die aus einzelwirtschaftlicher Sicht, d. h. unter Heranziehung der üblichen marktwirtschaftlichen Kräfte, hervorgehenden Mengen gedeckt werden können. Die Selbstverwaltung der Kommunen ergibt sich darauf aufbauend aus

[1] Zur Entwicklung der Städteordnung vgl. z. B. Ioachim (1892). Demnach nutzte vom Stein einen Entwurf des Königsberger Kriminalrates Johann Friedrich Brand als Anlass, die Verabschiedung einer generellen Städteordnung aller preußischen Gemeinden zu initiieren.

[2] Forsthoff (1938) beschreibt Daseinsvorsorge als die Sicherstellung aller „Leistungen, auf welche der in die modernen massentümlichen Lebensformen verwiesene Mensch lebensnotwendig angewiesen ist" (Forsthoff 1938, S. 7).

M. Sidki, *Grundlagen kommunaler Finanzierung und Verschuldung*, essentials,
DOI 10.1007/978-3-658-04710-8_1,

der in Art. 28 Abs. 2 GG verfassungsrechtlich gesicherten Kompetenzzuordnung zur selbstverantwortlichen Regelung aller Angelegenheiten im Wirkungskreis der örtlichen Gemeinschaft. Die konkrete Aufgabenzuordnung folgt dabei den Grundsätzen des Prinzips der Subsidiarität, wonach die Aufgabenwahrnehmung immer auf der untersten Ebene, d. h. im Rahmen der kommunalen Selbstverwaltung, angesiedelt sein soll. Nur falls die darunterliegende Staatsebene die Aufgaben nicht vollumfänglich durchzuführen vermag, erfolgt eine Kompetenzzuweisung an die nächsthöhere Staatsebene. Dieses Prinzip erfreut sich durch die Aufnahme in den Maastrichter Vertrag mithin der Anwendung bis in die Europäischen Union (EU) als supranationaler Ebene (Hrbek 2007, S. 77).[3]

Die europäische Dimension, welche durch die Schaffung der Europäischen Union eine institutionelle Gestalt erhielt, wirkt sich auch auf die Selbstverwaltung der Kommunen aus. Denn durch das Hinzukommen einer weiteren Staatsebene wurde eine Neuregelung der Aufgabenverteilung notwendig. Während dies zwar wenig unmittelbare Folgen für die Kommunen implizierte, waren die mittelbaren Folgen hingegen beträchtlich. So verfügt die Europäische Union über weitreichende Befugnisse bei der Sicherstellung eines einheitlichen Wettbewerbs auf dem europäischen Binnenmarkt. Vor diesem Hintergrund zeichnen sich umfangreiche Privatisierungs- und Liberalisierungstendenzen bei der Bereitstellung öffentlicher Güter ab. Bspw. sind Kommunen bei der Erbringung der Daseinsvorsorge ab bestimmten Wertgrößen zu europaweiten Ausschreibungen verpflichtet, welche außerdem auch von der Privatwirtschaft wahrgenommen werden können (Rehm und Matern-Rehm 2010, S. 58). In Konsequenz verschwimmen die Grenzen des öffentlichen und des privaten Sektors zusehends.

1.1.1 Bereitstellung öffentlicher Güter durch Kommunen und kommunale Unternehmungen

Öffentliche Güter zeichnen sich nach Samuelson (1954, S. 387) generell durch zwei Charakteristika aus: die Nichtrivalität im sowie die Nichtausschließbarkeit vom Konsum. Die Nichtrivalität im Konsum lässt Konsumenten einer bestimmten Menge des Gutes in ihrem Konsum unbeeinträchtigt davon, ob weitere Konsumenten hinzukommen. Die Nichtausschließbarkeit meint vor allem den uneingeschränk-

[3] Die tatsächliche Handhabung des Subsidiaritätsprinzips in der EU wird hingegen auch kritisch gesehen. So weist Vaubel (2007) auf Zentralisierungsbestrebungen in der EU hin, welche aus der institutionellen Ausgestaltung der Union resultieren. Für den Zeitraum der Gültigkeit des Vertrags von Maastricht wird der EU diesbezüglich gar ein Demokratiedefizit attestiert (Vaubel 1997, S. 446–448).

ten Zugriff auf das öffentliche Gut. Eine Vielzahl der öffentlichen Güter liegt jedoch in einer unreinen Form vor. So herrscht bei manchen öffentlichen Gütern zwar Nichtrivalität im Konsum, jedoch erfolgt eine rationierte, bspw. über Gebühren geregelte, Zulassung zum Konsum.

Auf kommunaler Ebene ergeben sich hinsichtlich der Wahl der optimalen Bereitstellungsmenge an öffentlichen Gütern einige Besonderheiten. So erfordert eine adäquate Mengenwahl die Bestimmung der Kosten-Nutzen-Relation des Gutes. Während traditionelle Erhebungsverfahren aufgrund der Abstinenz von Marktpreisen nicht anwendbar sind, erweist sich die Nutzenmessung über qualitative Verfahren, wie bspw. Befragungen, als fehleranfällig (Schläpfer und Zweifel 2008, S. 212).[4] Die Kostenmessung stellt sich ebenfalls als Herausforderung dar, da sich die Kosten öffentlicher Güter nicht vollumfänglich verursachergerecht zuordnen lassen und eine Gemeinkostenaufschlüsselung nicht minder schwierig ist (Friedl 2002, S. 154). Da Kommunen zudem in ihrem Wirkungskreis räumlich begrenzt, die Bürger einer Kommune in ihrer Mobilität zu angrenzenden Kommunen hingegen weitgehend unbeschränkt sind, kann die Bereitstellung öffentlicher Güter zu regionalen Spill-Over-Effekten führen. Bürger anderer Kommunen können bereitgestellte öffentliche Güter sowohl nutzen als auch deren Bereitstellungskosten teilweise tragen. Derartige Effekte führen bei der Wahl der optimalen Produktionsmenge durch eine einzelne Kommune zu einem erheblichen Anstieg der Komplexität, was eine mikroökonomische Analyse erschwert und sich auch auf die Bestimmung der wohlfahrtsoptimalen Menge niederschlägt (Williams 1966, S. 28–31).

Die kommunale Selbstverwaltung sichert den Gemeinden bei der Bereitstellung öffentlicher Güter eine organisationale Freiheit zu, wonach die Art der Güterproduktion in unterschiedlichen institutionellen Ausgestaltungsformen erfolgen kann (Cronauge und Westermann 2006, S. 30). Nebst Eigenerstellung kann die öffentliche Güterproduktion auch an Unternehmungen ausgelagert werden. Die Gründe hierfür können vielfältig sein. Abgesehen von erhöhter Kosten- und Produktionseffizienz spielt vor allem der Zuwachs an Flexibilität eine erhebliche Rolle bei der Ausgliederungsentscheidung (Eichhorn 1997, S. 97). So kann u. a. die arbeitsrechtliche Flexibilität durch die Loslösung vom öffentlichen Dienstrecht aber auch die Kapitalflexibilität durch die Umgehung eventueller haushaltsrechtlicher Verschuldungsgrenzen ansteigen. Ausgliederungsentscheidungen sind demnach immer Individualentscheidungen unter Berücksichtigung aller fallabhängigen Spezifika.

[4] Schläpfer und Zweifel (2008, S. 211–212) nennen hier vor allem die Schwierigkeit der Wahl realistischer Handlungsalternativen, denn die Nicht-Bereitstellung eines öffentlichen Gutes, welche häufig Bewertungsgrundlage der Bereitstellung bildet, ist meist keine faktische Handlungsalternative. So können bei der Erfassung bzw. Erhebung von Nutzenwerten systematische Messfehler entstehen.

Ein bedeutsames Spannungsfeld bei der Ausgliederung kommunaler Aktivitäten ergibt sich bei der Wahl der Unternehmung, da diese sowohl an Unternehmungen im Eigentum der Kommune als auch an die Privatwirtschaft erfolgen kann, falls es sich bei der öffentlichen Güterproduktion um eine wirtschaftliche Betätigung der Kommune handelt.[5] Dabei sind die Grenzen der Schrankentrias zu beachten, wonach erstens die Tätigkeit dem öffentlichen Zweck dienen und zweitens in Adäquanz zur Leistungsfähigkeit der Kommune stehen muss. Ferner ist drittens das Subsidiaritätsprinzip anzuwenden, welches die Vorrangigkeit der Privatwirtschaft über öffentliche Unternehmungen bei erhöhter Wirtschaftlichkeit (schwache Ausprägung) oder bei gleicher Wirtschaftlichkeit (starke Ausprägung) der Ersteren festlegt.[6] Hierdurch sollen Wettbewerbsverzerrungen vermieden werden, da bei der Ausgliederungsentscheidung Konkurrenzsituationen zwischen privaten und öffentlichen Anbietern entstehen können, welche vor dem Hintergrund der marktwirtschaftlichen Wirtschaftsordnung als generell negativ beurteilt werden. Demnach wird eine Güterbereitstellung durch die Privatwirtschaft der wirtschaftlichen Betätigung der Kommunen vorgezogen (Stüer und Schmalenbach 2006, S. 169). Sofern die Betätigung nicht im Rahmen des öffentlichen Zwecks stattfindet, sondern der Gewinngenerierung öffentlicher Unternehmungen dient, ist eine Konkurrenzsituation zur Privatwirtschaft gar rechtlich unzulässig (Schmid 2001, S. 247). Schwarting (2001b, S. 297–298) sieht diesbezüglich die exakte Bestimmung des öffentlichen Zwecks kommunaler Betätigungen als besondere Herausforderung an, da er im Zeitablauf Veränderungsprozessen unterliegt und außerdem nicht eindeutig durch den Gesetzgeber festgelegt ist.

Die Nachrangigkeit kommunaler Unternehmungen gegenüber der Privatwirtschaft ist in einer ökonomisch-theoretischen Analyse jedoch aus weiteren Aspekten zu beurteilen, als es in der lediglich auf wettbewerblichen Standpunkten beruhenden wirtschaftspolitischen Realität der Fall ist. Brede (2003, S. 178–179) erkennt in der zunehmenden Privatisierung der öffentlichen Güterproduktion eine Verlagerung wohlfahrtsmaximierender Ziele hin zu gewinnmaximierenden Zielen,

[5] So definiert bspw. die zuletzt im Jahr 2007 geänderte Fassung der Gemeindeordnung des Landes Nordrhein-Westfalen von 1994 in § 107 die wirtschaftliche Betätigung der Kommunen als „Betrieb von Unternehmen […], die als Hersteller, Anbieter oder Verteiler von Gütern oder Dienstleistungen am Markt tätig werden, sofern die Leistung ihrer Art nach auch von einem Privaten mit der Absicht der Gewinnerzielung erbracht werden könnte“. Demgegenüber steht die unbeschränkte nicht-wirtschaftliche Betätigung der Kommunen, wie bspw. die Wahrnehmung hoheitlicher Aufgaben oder die Betätigung in Bereichen der Bildung oder Kultur (Schwarting 2001a, S. 200).

[6] Diese Schrankentrias ist in unterschiedlichen Wortlauten bzw. in unterschiedlichen Ausprägungsformen des Subsidiaritätsprinzips in allen Gemeindeordnungen der Länder spezifiziert (Schmid 2001, S. 242–243).

die durchaus divergieren können. Die Bevorzugung der Privatwirtschaft schmälert ferner die Einnahmemöglichkeiten der Kommunen, woraus ein genereller Verlust an Macht und Einfluss der öffentlichen Hand resultiert. Als Gestaltungsmodell zur Verminderung dieser Effekte wird die Güterproduktion durch Unternehmungen in gemischtem Eigentum, d. h. Unternehmungen mit Kapitalbeteiligung der öffentlichen Hand, postuliert. Hieraus ist ebenso ein Erklärungsansatz für Gemeinschaftsprojekte von privater und öffentlicher Hand im Rahmen Öffentlich-Privater Partnerschaften (ÖPP) ableitbar. Mühlenkamp (2007, S. 709) identifiziert bei der privatwirtschaftlichen Bereitstellung öffentlicher Güter ein Spannungsfeld zwischen Kostenvorteilen bei der Produktion und einer erhöhten Preissetzung, da der Produktionsprozess vom öffentlichen Sektor nicht eindeutig beobachtet werden kann. Die Produktion öffentlicher Güter und Dienstleistungen durch die Privatwirtschaft sollte daher nicht ausschließlich unter Kostenaspekten, sondern vielmehr unter umfassenden Wohlfahrtsvergleichen erfolgen. Eine Einordnung der Betätigung öffentlicher Unternehmungen in die Neue Institutionenökonomik liefert ebenfalls keine Untermauerung deren strikter Ineffizienz (Mühlenkamp 2006, S. 415).

Stattdessen zeichnet sich unter Beachtung weiterer aufgrund asymmetrisch verteilter Informationen auftretender Faktoren, wie z. B. moralische Anreizprobleme der beteiligten Parteien oder Transaktionskosten, ein ambivalentes Bild ab. Durch die Übernahme öffentlicher Güterproduktionen begeben sich private Unternehmungen in den Regulierungskreis des öffentlichen Sektors, wodurch effizienzmindernde Mechanismen übertragen werden, welche die Kosteneffizienz- und Flexibilitätsvorteile der Ausgliederung abschöpfen können (Mühlenkamp 2006, S. 410–412). Normativ betrachtet, ist ein Angebot öffentlicher Güter und Dienstleistungen durch Kommunen bzw. deren Unternehmungen genau dann vorzuziehen, falls Marktunvollkommenheiten derart vorliegen, dass die Privatwirtschaft keine Versorgung im gewünschten Ausmaß gewährleisten kann. Unter Marktvollkommenheit ist im Gegensatz zur rein marktwirtschaftlichen Güterproduktion jedoch nicht die Bereitstellung der effizienten Gleichgewichtsmenge, sondern die Produktion öffentlicher Güter und Dienstleistungen im politisch gewünschten bzw. wohlfahrtsoptimalen Umfang zu verstehen (Haucap 2007, S. 714).

Es lässt sich somit resümieren, dass kommunale Ausgliederungen, welche sowohl in privatrechtlicher oder öffentlich-rechtlicher als auch in rechtsfähiger oder nicht-rechtsfähiger Form auftreten können, ein nicht unerheblicher Teil der durch die öffentliche Hand bereitgestellten Daseinsvorsorge sind. Gemessen an der kommunalen Investitionstätigkeit entfielen im Jahr 2002 ca. 47 % auf kommunale Ausgliederungen. Dies bestätigt auch eine Betrachtung des Verschuldungsniveaus der kommunalen Unternehmungen relativ zum Schuldenstand der kommunalen Kernhaushalte. Mit ca. 47 % im Jahr 2007 entfällt ein nicht unbeträchtlicher Teil auf die

Tab. 1.1 Investitionstätigkeit und Kennzahlen kommunaler Ausgliederungen. (Quelle: eigene Berechnungen, Daten nach Richter (2007))

Bundesland	Zugang an Sachanlagen in Mio. €	Zugang an Sachanlagen pro Kopf in €
Baden-Württemberg	1,901	179
Bayern	2,013	163
Brandenburg	863	334
Hessen	926	152
Mecklenburg-Vorpommern	615	351
Niedersachsen	984	123
Nordrhein-Westfalen	2,853	158
Rheinland-Pfalz	1,011	250
Saarland	221	208
Sachsen	1,040	238
Sachsen-Anhalt	786	306
Schleswig-Holstein	310	110
Thüringen	558	232
Gesamt	*14,080*	*184*
Kennzahlen der Wirtschaftstätigkeit		
Arbeitnehmer in kommunalen Ausgliederungen		756,073
Personalaufwand kommunaler Ausgliederungen in Mio. €		29,100
Umsatz kommunaler Ausgliederungen in Mio. €		77,150

Ausgliederungen (Reidenbach 2006, S. 24). Eine Studie, die für das Jahr 2002 die Tätigkeiten der kommunalen Wirtschaft, definiert als kommunale Ausgliederungen außerhalb der vollständigen Erfassung in den kommunalen Haushalten und mit min. 50 % Eigentumsanteil der öffentlichen Hand, in den deutschen Flächenländern[7] untersucht, bestätigt den Bedeutungsgehalt dieses Sektors.[8] Tabelle 1.1 fasst die wichtigsten gesamtwirtschaftlichen Kennzahlen dieser Studie zusammen.

Demnach lassen sich die am Zugang an Sachanlagen gemessenen Investitionen aller kommunalen Unternehmungen der Flächenländer mit insgesamt über

[7] Kennzahlen zur kommunalen Wirtschaftstätigkeit lassen sich nur für die Flächenländer sinnvoll darstellen, da die Haushalte der Stadtstaaten sowohl Landes- als auch Kommunaltätigkeiten auf sich vereinen.

[8] Diese Definition fußt eher auf Datenfriktionen als auf ökonomischen Überlegungen. Insofern bleiben Beteiligungen unter 50 % ebenso außen vor wie in Regiebetriebe ausgegliederte Aktivitäten, die aufgrund ihrer nur begrenzten Eigenständigkeit voll in den kommunalen Haushalten abgebildet werden. Deren Zuordnung zur Gruppe der kommunalen Ausgliederungen mag hingegen als ebenso zweifelhaft angesehen werden.

14 Mrd. € bzw. 184 € pro Kopf bei einem Umsatz von in etwa 77 Mrd. € beziffern. Die Investitionstätigkeit unterliegt dabei durchaus Schwankungen in den einzelnen Bundesländern, wie aus den Pro-Kopf-Daten erkennbar wird. Die wichtigsten Tätigkeitsbereiche kommunaler Unternehmungen umfassen, ebenfalls am Investitionsvolumen erhoben, die Versorgung (Energie- und Wasserversorgung), die Wasser- und Abfallentsorgung, den öffentlichen Personennahverkehr (ÖPNV) und das kommunale Krankenhauswesen (Reidenbach 2006, S. 24).

1.1.2 Ökonomische Fundierung kommunaler Aktivitäten

Nebst Sicherstellung der Daseinsvorsorge und der Wahrung der Subsidiarität der wirtschaftlichen Betätigung von Kommunen hat die kommunale Selbstverwaltung stets im Rahmen einer sparsamen und wirtschaftlichen Haushaltswirtschaft zu erfolgen.[9] Letztere wird in der ökonomischen Theorie durch die effiziente Allokation von Ressourcen in den Produktionsprozess der öffentlichen Güter erreicht. So beschreibt Samuelson (1954) ein allgemeines Gleichgewichtsmodell, wonach ein Pareto-optimaler Zustand bei der Bereitstellung öffentlicher Güter genau dann vorliegt, wenn der Grenznutzen der Bürger exakt den Grenzkosten der Produktion des öffentlichen Gutes entspricht. Samuelson (1954, S. 388) stellt jedoch auch fest, dass der Grenznutzen als Präferenzmaß im Sinne einer marginalen Zahlungsbereitschaft nur schwierig gemessen werden kann, da für öffentliche Güter keine Marktpreise existieren. Tiebout (1956, S. 418) ergänzt außerdem, dass die kommunale Güterproduktion nicht durch eine Regierung zentral geplant wird und daher keine aggregierte Grenznutzen- bzw. Grenzkostenkalkulation erfolgen kann. Vielmehr bietet jede Kommune ein individuelles Angebotsportfolio an öffentlichen Gütern an. Die Konsumenten, d. h. die Bürger, wählen diejenige Kommune als Wohnort, die ihren individuellen Präferenzen am ehesten entspricht. Tiebouts rein qualitatives Modell beschreibt unter der Bedingung bestimmter idealisierter Annahmen, wie bspw. die vollständige Mobilität der Bürger oder symmetrisch verteilter Informationen, somit eine „Abstimmung mit den Füßen", welche eine Wettbewerbssituation zwischen den Kommunen ermöglicht und zu einer Pareto-effizienten Bereitstellung öffentlicher Güter führt.[10]

---

[9] Diese Prinzipien sind in allen Gemeindeordnungen der bundesdeutschen Länder vorhanden (Steffen 2001, S. 15).

[10] Vor allem wegen der idealisierten und somit wenig realistischen Annahmen wird das Modell von Tiebout auch kritisch betrachtet (z. B. bei Buchanan und Goetz (1972)).

Generell lässt sich feststellen, dass in einem föderalen Staatengefüge die Verteilung der knappen Ressourcen, vorwiegend der knappen Finanzmittel, eine bedeutende ökonomische Herausforderung darstellt. Der Ressourceneinsatz muss nicht nur auf der horizontalen, sondern auch auf der vertikalen Ebene optimal zugeordnet werden. Im Falle Deutschlands kommt außerdem die im Vergleich zu den höheren Ebenen schwache Stellung der Kommunen hinzu, was deren Ressourcenallokation weiter verkompliziert.[11] Das Konzept des Föderalismus wurde vor diesem Hintergrund ausführlich in der ökonomischen Forschung behandelt. Grundlage bildet das von Oates (1972) erstmals postulierte Dezentralisierungstheorem, wonach Kommunen, welche die bereitzustellende Menge an öffentlichen Gütern innerhalb ihrer jeweiligen örtlichen Grenzen autonom wählen, immer eine effizientere Ressourcenallokation vornehmen, als durch eine übergeordnete zentrale Planung erfolgen kann, die allen Kommunen einheitliche Mengen an öffentlichen Gütern zuteilt. Dies ist auf den Vorteil von dezentralen, d. h. kommunalen, Ebenen zurückzuführen, eine bessere Berücksichtigung der individuellen Präferenzstrukturen der Bürger bei der Produktionswahl vornehmen zu können. Diesem Effizienzkriterium stehen jedoch mögliche Kostenineffizienzen bei der dezentralen Produktion öffentlicher Güter gegenüber, da mitunter auf mögliche Skalenerträge verzichtet wird.

Als erste Konsequenz der ökonomischen Einordnung des Föderalismus lässt sich somit wiederum die Einhaltung des Subsidiaritätsprinzips als Prinzip des Vorrangs der dezentralen Ebene ableiten, wobei dies auch den Vorrang der eventuell kosteneffizienteren Güterproduktion durch die Privatwirtschaft miteinschließt. Zweitens folgt das Prinzip der fiskalischen Äquivalenz, welches besagt, dass eine effiziente Allokation der Ressourcen zur Produktion öffentlicher Güter genau dann erfolgt, wenn der Nutzerkreis des öffentlichen Gutes auch dem Kreis derjenigen entspricht, die über die Produktion – zumindest mittelbar – entscheiden und diese finanzieren. Hierdurch werden Über- und Unterproduktionen minimiert und eine möglichst exakte Bedürfnisbefriedigung der Bürger erreicht (Mancur 1969, S. 482–483). Als Gestaltungsmaxime der fiskalischen Äquivalenz folgt das als Konnexitätsprinzip titulierte Zusammenfallen von Aufgaben- und Ausgabenverantwortung, welches sich jedoch in seiner praktischen Anwendung mitunter schwierig darstellt und immer wieder zu Auseinandersetzungen zwischen den Gebietskörperschaften führt (Rehm und Matern-Rehm 2010, S. 48).

[11] Nebst der effizienten Ressourcenallokation müssen die wohlfahrtsoptimale Distribution der Ressourcen sowie die langfristige gesamtwirtschaftliche Stabilität als weitere ökonomische Zielsetzungen bei der Bereitstellung öffentlicher Güter Beachtung finden. Auf kommunaler Ebene stellen sich jedoch nur Allokationsprobleme. Distributions- sowie Stabilitätsprobleme müssen auf höheren Ebenen gelöst werden (Oates 1968, S. 48–49).

2 Kommunales Finanzsystem

Die kommunale Selbstverwaltung sichert den Städten und Gemeinden u. a. die Finanzhoheit, d. h. ein selbstbestimmtes Wirtschaften ihrer Einnahmen und Ausgaben, in den Grenzen des zulässigen Haushaltswesens zu. Denn nur eine adäquate Finanzausstattung ermöglicht die Umsetzung der autonomen Entscheidungskompetenzen der Kommunen. Die ökonomische Herausforderung ist hierbei vor allem in der Ausgewogenheit der Aufgaben- und der dazugehörigen Finanzmittelverteilung durch die übergeordneten Staatsebenen, d. h. Bund und Länder, zu sehen (Schwarting 2006, S. 30). Eine detaillierte Gegenüberstellung kommunaler Einnahmen und Ausgaben gibt jedoch ein durchaus ambivalentes Bild dieser Adäquanz ab.

2.1 Einnahmen der Kommunen

Untergliedert man die Finanzmittelausstattung der Kommunen in Anlehnung an die Unternehmungsfinanzierung in Innen- sowie Außenfinanzierungskomponenten, lassen sich die wichtigsten Bestandteile wie folgt zusammenfassen (Tab. 2.1):

Die Außenfinanzierung der Kommunen erfolgt vor allem in den Kategorien der Verschuldung durch Kreditaufnahme bzw. der Durchführung kreditähnlicher Rechtsgeschäfte.

Als Komponenten der Innenfinanzierung lassen sich sechs relevante Positionen identifizieren:

1. Bei Steuern handelt es sich um Abgaben, die keinem direkten Leistungsbezug unterliegen. In ihrer Ausgestaltung können sie jedoch durchaus einen Bezug zum Zielsystem der Finanzierung der Kommunen aufweisen (Schwarting 2006, S. 95). Einer Steuererhebung sind Gebühren und Beiträge als Entgelte mit konkretem Leistungsbezug jedoch immer vorzuziehen.

M. Sidki, *Grundlagen kommunaler Finanzierung und Verschuldung*, essentials, DOI 10.1007/978-3-658-04710-8_2, © Springer Fachmedien Wiesbaden 2014

Tab. 2.1 Innen- und Außenfinanzierung der Kommunen. (Quelle: eigene Darstellung, in Anlehnung an Matschke und Hering (1998))

Innenfinanzierung der Kommunen	Außenfinanzierung der Kommunen
Steuern	Kredite
Gebühren	Kreditsubstitute
Beiträge	
Zuweisungen im Rahmen des kommunalen Finanzausgleichs	
Kapitalfreisetzung durch Veräußerungserlöse	
Sonstige Einnahmen, wie z. B. Zinseinnahmen, Gewinnausschüttungen kommunaler Unternehmungen, Miet- und Pachteinnahmen usw.	

2. Gebühren sind bei der Inanspruchnahme eines kommunalen öffentlichen Gutes zu entrichten und sollen kostendeckend ausgestaltet sein.[1] Das Äquivalenzprinzip erfordert ferner ein adäquates Verhältnis von Gebühr und Leistung, so dass eine dauerhafte Überdeckung der Kosten nicht zulässig ist (Matschke und Hering 1998, S. 21–24). Die ökonomische Sinnhaftigkeit zur Anwendung dieser Prinzipien ergibt sich aus der Möglichkeit, durch Gebühren wie auch durch Beiträge eine Preissetzung für öffentliche Güter außerhalb der rein marktwirtschaftlichen Gesetzmäßigkeiten zu erreichen.[2]
3. Beiträge fallen infolge der Bereitstellung öffentlicher Güter an, sind jedoch unabhängig von deren tatsächlicher Nutzung. Sie weisen daher einen Bezug zur Investitionstätigkeit der Städte und Gemeinden auf und sind von den jeweilig Begünstigten zu entrichten.[3]
4. Zuweisungen aus dem kommunalen Finanzausgleich ergeben sich aus der in Art. 106 Abs. 7 GG festgelegten Pflicht der Länder, einen Teil ihres Aufkommens an Einkommen-, Umsatz- und Körperschaftsteuer den Kommunen zur Verfügung zu stellen. Ziel ist es, die Finanzkraft der Kommunen insgesamt zu stärken und außerdem gleichmäßig zu verteilen. Ferner können hierdurch zweckgebundene Zuweisungen zu kommunalen Investitionsprojekten erfolgen.

[1] Gebührenpositionen entstehen z. B. aus der Abwasser- und Abfallbeseitigung, der Nutzung von Friedhöfen, Kindergärten, Kultureinrichtungen usw.

[2] Die ökonomisch sinnvolle Umsetzung des Kostendeckungsprinzips im Rahmen der Preissetzung erweist sich realwirtschaftlich hingegen als komplex und in ihrer Offenlegung als intransparent. Siehe hierzu ausführlich Rehm (2004).

[3] Z. B. die Kurtaxe, die von den Nutzern der Kureinrichtung zu zahlen ist oder Gebühren zum Ausbau von Verkehrseinrichtungen, die von den anliegenden Grundstückseigentümern zu tragen sind.

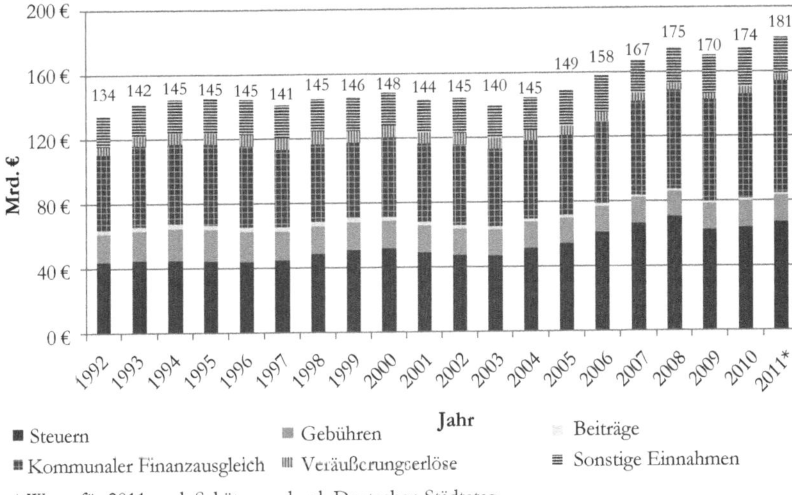

Abb. 2.1 Zusammensetzung und Entwicklung kommunaler Einnahmen von 1992 bis 2011. (Quelle: eigene Darstellung, Daten nach Deutscher Städtetag (2010a). Nicht berücksichtigt sind die Stadtstaaten, Krankenhäuser mit kaufmännischem Rechnungswesen sowie ausgegliederte Einrichtungen der Kommunen)

5. Weitere Einnahmen erzielen die Kommunen zudem durch die Veräußerung von Vermögensgegenständen, wie Grundstücke oder Unternehmungsbeteiligungen.
6. Letztlich existieren sonstige Einnahmequellen, die in ihrer Höhe meist von eher untergeordneter Bedeutung sind, wie z. B. Zinseinnahmen, Gewinnausschüttungen kommunaler Beteiligungen, Miet- und Pachteinnahmen etc.

Obige Abbildung zeigt den Verlauf der kommunalen Einnahmeentwicklung der Innenfinanzierungskomponenten im Zeitraum 1992 bis 2011 auf (Abb. 2.1).

Die Steuereinnahmen und die Zahlungen aus dem kommunalen Finanzausgleich erweisen sich mit im Mittel gemeinsamen 69 % der Einnahmen als größte Einzelpositionen im betrachteten Zeitraum. Zwischen 1992 und 2011 nahmen weiterhin die kommunalen Einnahmen um über 35 % zu, wobei eine genaue Betrachtung der Entwicklung der einzelnen Einnahmepositionen mithin starke Schwankungen aufzeigt. So stiegen bspw. die Steuereinnahmen um mehr als 53 %, wohingegen die Einnahmen aus Beiträgen um nahezu 50 % zurückgingen.

Die Schwankungen der kommunalen Innenfinanzierungskomponenten sind ökonomisch von herausragender Bedeutung. Eine unstetige Entwicklung der Einnahmen kann die Kommunen zur Verschuldung am Kreditmarkt zwingen und

Tab. 2.2 Standardabweichung und Variationskoeffizient der kommunalen Einnahmekomponenten von 1992 bis 2011. (Quelle: eigene Darstellung, Daten Deutscher Städtetag (2010a). Nicht berücksichtigt sind die Stadtstaaten, Krankenhäuser mit kaufmännischem Rechnungswesen sowie ausgegliederte Einrichtungen der Kommunen)

	Standardabweichung	Variationskoeffizient
Steuern	8,69	0,16
Gebühren	1,30	0,08
Beiträge	0,60	0,28
Kommunaler Finanzausgleich	6,66	0,13
Veräußerungserlöse	1,29	0,21
Sonstige Einnahmen	1,30	0,06
Summe	13,40	0,09

bei längerem Andauern zu strukturellen Haushaltsnotständen führen, wie es sich nicht zuletzt als mittelbare Konsequenz der seit 2007 andauernden Finanz- und Wirtschaftskrise verstärkt abzeichnet.[4] Eine Analyse der Schwankung der Einnahmepositionen muss sowohl deren relative Schwankungsintensität als auch deren Relevanz für die gesamten Einnahmen, gemessen an deren Volumen, betrachten. Tabelle 2.2 stellt für die Jahre 1992 bis 2011 zum einen die relative Schwankungsintensität der Einnahmepositionen anhand der statistischen Kennzahl des Variationskoeffizienten als auch die volumenmäßige Abweichung anhand der Standardabweichung dar.[5]

Es zeigt sich für die Beitragseinnahmen zwar die größte relative Schwankung (Variationskoeffizient 0,28), jedoch ist die Bedeutung der Schwankung für die Gesamteinnahmen eher unbedeutend (Standardabweichung 0,60). Anders verhalten sich hingegen die Steuereinnahmen, welche die größte volumenmäßige Abweichung (Standardabweichung 8,69) bei einer dennoch hohen relativen Schwankung (Variationskoeffizient 0,16) aufweisen. Die Finanzausgleichsmasse der Länder als zweite bedeutsame Einnahmekomponente nimmt in beiden Kennzahlen im Gegensatz zu den Steuern moderatere Werte an. Im Ergebnis lassen sich daher insbesondere die Steuereinnahmen als relevant und schwankungsanfällig identifizieren.

Die Gesetzgebungskompetenz hinsichtlich der Erhebung von Steuern liegt gemäß Art. 105 GG beim Bund und den Ländern. Die Kommunen haben nur mini-

[4] Die Präsidentin des Deutschen Städtetags, Petra Roth, sieht die Haushaltslage der Kommunen im Jahr 2010 als außergewöhnlich desolat an. Bis ins Jahr 2012 wird eine Einnahmeunterdeckung von 12 Mrd. € prognostiziert (Deutscher Städtetag 2010b). Vgl. hierzu Kap. 2.

[5] Der Variationskoeffizient VK bemisst die relative normierte Streuung einer Zufallsvariable X durch Bereinigung der Standardabweichung σ um den Erwartungswert μ: $VK_x = \sigma_x / \mu_x$. Hierdurch wird eine von Volumen und Maßeinheit unabhängige Aussage über die Streuung ermöglicht.

male Einflussmöglichkeiten auf das Steueraufkommen. Wichtigste Bestandteile des Steueraufkommens der Städte und Gemeinden sind zum einen die Beteiligungen am Einkommensteuer- und am Umsatzsteueraufkommen. Zum anderen erhalten sie Einnahmen aus den Realsteuern, d. h. der (Netto-)Gewerbesteuer sowie den Grundsteuern A und B.[6] Diese zeichnen sich dadurch aus, dass den Kommunen über die Festlegung von Hebesätzen ein durch das Grundgesetz gewährter Gestaltungsspielraum ermöglicht wird.[7] Nachfolgende Tabelle 2.3 beschreibt die Zusammensetzung der kommunalen Steuereinnahmen im Zeitverlauf zwischen 1992 und 2011.

Es zeigt sich, dass die Gewerbesteuer sowie der Gemeindeanteil an der Einkommensteuer mit im Durchschnitt von jeweils ca. 40 % den größten Anteil zum kommunalen Steueraufkommen beitragen. Durch Änderungen rechtlicher Grundlagen, bspw. durch die Einführung eines Umsatzsteueranteils, aber auch durch die Abhängigkeiten vom Konjunkturzyklus, verändert sich die relative Zusammensetzung der einzelnen Bestandteile im Zeitablauf. Auch in der ökonomischen Literatur finden sich immer wieder Hinweise auf die Konjunkturanfälligkeit der Steuereinnahmen als ein Grund finanzieller Notsituationen deutscher Städte und Gemeinden. So sieht Junkernheinrich (2010, S. 5) die Kommunen als besonders belastet, da vor allem die Gewerbesteuer eine zu den restlichen Steuern sehr hohe Konjunkturreagibilität aufweist. Peffekoven (2004, S. 33) identifiziert insbesondere in Krisenzeiten, d. h. im Falle sinkender Steuereinnahmen, eine Unwucht zu den Ausgaben, die sich eher durch einen Mehrbedarf aufgrund ansteigender sozialer Leistungen auszeichnen, da konjunkturelle Abschwungphasen meist mit zunehmender Erwerbslosigkeit einhergehen. Hierdurch zeigt sich auch die Unfähigkeit der Kommunen, antizyklische Ausgabenpolitik zu betreiben.

Als statistische Überprüfung der Konjunkturabhängigkeit lässt sich der Zusammenhang der Veränderungsraten der Steuereinnahmen und der Veränderung des Wirtschaftswachstums analysieren. Nachfolgende Abbildung 2.2 zeigt die linearen Regressionsschätzungen für das Gewerbesteuerwachstum sowie das Wachstum des

[6] Während den Gemeinden bspw. 15 % des Einkommenssteueraufkommens zugewiesen werden, verbleiben ihnen die Grundsteuern vollständig. Bei der Gewerbesteuer handelt es sich ebenfalls um eine reine Gemeindesteuer, wobei dennoch eine Gewerbesteuerumlage an Bund und Länder abgeführt werden muss, welche im Rahmen der Gemeindefinanzreform 1969 ursprünglich als temporäre Ausgleichleistung für die Beteiligung der Kommunen am Einkommensteueraufkommen vorgesehen war (Bundesministerium der Finanzen 2010, S. 13). Den Gemeinden verbleibt somit ein Nettoaufkommen an der Gewerbesteuer.

[7] Weitere volumenmäßig weniger relevante Kommunalsteuern, wie bspw. Hunde-, Getränke- oder Vergnügungssteuern, werden nachfolgend unter dem Posten „sonstige Steuern" subsumiert.

Tab. 2.3 Entwicklung der kommunalen Steuereinnahmen zwischen 1992 und 2011. (Quelle: eigene Darstellung, Berechnung nach Daten von Deutscher Städtetag (2010a). Nicht berücksichtigt sind die Stadtstaaten, Krankenhäuser mit kaufmännischem Rechnungswesen sowie ausgegliederte Einrichtungen der Kommunen)

Jahr	Gewerbesteuer (netto) (%)	Gemeindeanteil Umsatzsteuer (%)	Gemeindeanteil Einkommensteuer (%)	Sonstige Steuereinnahmen (%)
1992	40,2		47,0	12,8
1993	39,4		47,1	13,5
1994	38,3		47,3	14,4
1995	35,3		48,8	15,8
1996	39,0		44,2	16,8
1997	41,2		41,4	17,4
1998	38,1	4,8	40,4	16,7
1999	38,1	5,1	40,2	16,6
2000	37,2	5,1	41,1	16,6
2001	35,0	5,4	41,7	18,0
2002	33,1	5,5	42,7	18,7
2003	32,6	5,5	42,3	19,6
2004	40,4	5,0	36,2	18,4
2005	43,0	4,8	34,3	17,9
2006	46,2	4,5	33,1	16,1
2007	45,7	4,6	34,5	15,2
2008	44,2	4,5	36,8	14,5
2009	40,1	5,1	38,3	16,5
2010	42,1	5,1	36,0	16,8
2011 (Schätzung)	43,4	5,1	35,0	16,5

Gemeindeanteils an Umsatz- und Einkommensteuer relativ zur Veränderung des nominalen Wirtschaftswachstums gemessen am Bruttoinlandsprodukt im Untersuchungszeitraum 1992 bis 2009 auf.

Tatsächlich lässt die Punktewolke des Gewerbesteuerwachstums eine deutlich stärkere Abhängigkeit zur konjunkturellen Veränderung vermuten als es bei dem Wachstum von Umsatz- bzw. Einkommensteuer der Fall ist. Ferner sticht in allen drei Diagrammen jeweils ein Ausreißer hervor, der in horizontaler wie in vertikaler Richtung deutlich negative Werte annimmt. Hierbei handelt es sich um den Datenpunkt des Krisenjahres 2009. Dies manifestiert die oben erwähnte Vermutung, dass die Städte und Gemeinden durch die Auswirkungen der 2007 begonnenen Finanz- und Wirtschaftskrise enorme Einnahmeausfälle zu beklagen haben. Eine Übersicht der Schätzergebnisse der Regression findet sich in folgender Tab. 2.4.

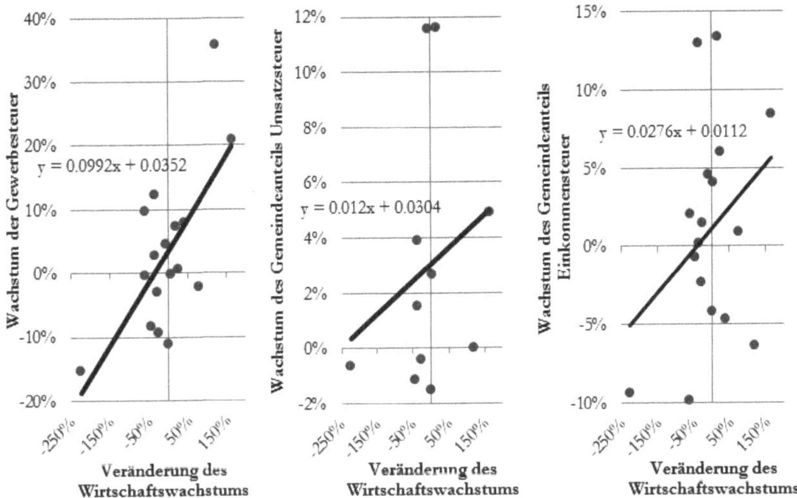

Abb. 2.2 Lineare Regression der kommunalen Steuerbestandteile und der Veränderung des Wirtschaftswachstums (gemessen am nominalen BIP). (Quelle: eigene Darstellung, Berechnung nach Daten von Deutscher Städtetag (2010a) sowie Statistisches Bundesamt (2012, S. 14). Nicht berücksichtigt sind die Stadtstaaten, Krankenhäuser mit kaufmännischem Rechnungswesen sowie ausgegliederte Einrichtungen der Kommunen)

Die Nullhypothese, dass die Veränderung des Wirtschaftswachstums keinen Einfluss auf das Gewerbesteuerwachstum ausübt, ist somit zum 1 %-Niveau signifikant und kann folgerichtig verworfen werden. Für Umsatz- und Einkommensteuerwachstum zeigt sich hingegen keine statistische Signifikanz. Das Bestimmtheitsmaß R^2 zeigt ferner für das Gewerbesteuerwachstum einen deutlich größeren Erklärungsgehalt durch die konjunkturelle Veränderung als bei den beiden anderen Steuerkomponenten. Als Ergebnis dieser Analysen lässt sich festhalten, dass insbesondere durch die Gewerbesteuer das Einkommen der Kommunen stark zu schwanken vermag. Weitet man die Analyse auf die weiteren Innenfinanzierungskomponenten der Kommunen aus, so zeigt sich lediglich für die zweckgebundenen Zuweisungen für Investitionen ebenfalls ein statistisch signifikanter Zusammenhang zur Veränderung des konjunkturellen Wachstums, was untermauert, dass auch die kommunalen Investitionen besonders stark von Konjunktureinbrüchen betroffen sind.[8]

[8] Die Nullhypothese, dass die Veränderung des Wirtschaftswachstums keinen Einfluss auf die Investitionszuweisungen hat, kann zum Signifikanzniveau von 1 % verworfen werden.

Tab. 2.4 Statistischer Zusammenhang zwischen der Veränderung des Wirtschaftswachstums (BIP) und dem kommunalen Steueraufkommen. (Quelle: eigene Berechnungen, Daten nach Deutscher Städtetag (2010a) sowie Statistisches Bundesamt (2012, S. 14))

	Korrelationskoeffizient	Bestimmtheitsmaß R^2	Korrigiertes Bestimmt-heitsmaß R^2	F-Wert	P-Wert
Wachstum der Gewerbesteuer	0,671	0,450	0,414	12,282***	0,003
Wachstum des Gemeindeanteils Umsatzsteuer	0,249	0,062	− 0,042	0,595	0,460
Wachstum des Gemeindeanteils Einkommensteuer	0,337	0,114	0,055	1,927	0,185

*Signifikant zum 10 %-Niveau
**Signifikant zum 5 %-Niveau
***Signifikant zum 1 %-Niveau

2.2 Ausgaben der Kommunen

Um die kommunale Finanzierungssituation als Basis der kommunalen Verschuldung vollständig erfassen zu können, müssen die Einnahmen den entsprechenden kommunalen Ausgaben gegenüber gestellt werden. Die einzelnen Ausgabenposten ergeben sich gemäß des Grundsatzes der Konnexität, welcher sinngemäß in allen Ländern geboten ist, aus den kommunalen Aufgabenbereichen.[9] Diese lassen sich einteilen in übertragene und eigene Aufgaben. Bei Ersteren weist eine höhere Staatsebene die Kommunen zur Übernahme einer Aufgabe an, da sie diese, wie am Beispiel des Meldewesens leicht zu erkennen ist, am besten ausüben können. Der Gestaltungspielraum der Gemeinden ist hierbei deutlich geringer als bei der Wahrnehmung eigener, d. h. aus dem örtlichen Wirkungskreis entstehender, Aufgaben. Diese lassen sich weiter in freiwillige und Pflichtaufgaben unterteilen. Die größten Freiheitsgrade bei der Ausgestaltung haben die Kommunen bei der Ausübung freiwilliger Aufgaben. Bei den Pflichtaufgaben müssen hingegen Rahmenbedingungen befolgt werden. Die Aufgabenwahrnehmung kann unter Beachtung der in Kapitel 1 beschriebenen Maßgaben durch eine Gemeinde selbst oder einen überörtlichen Zweckverband sowie durch kommunale oder privatwirtschaftliche

[9] Die Umsetzung des Konnexitätsgebots wird jedoch des Öfteren dahingehend kritisiert, dass die finanzielle Ausstattung in keinem adäquaten Verhältnis zu den ausgabenwirksamen Aufgaben der Kommunen steht. Siehe hierzu Döring (2007) oder Dombert (2006).

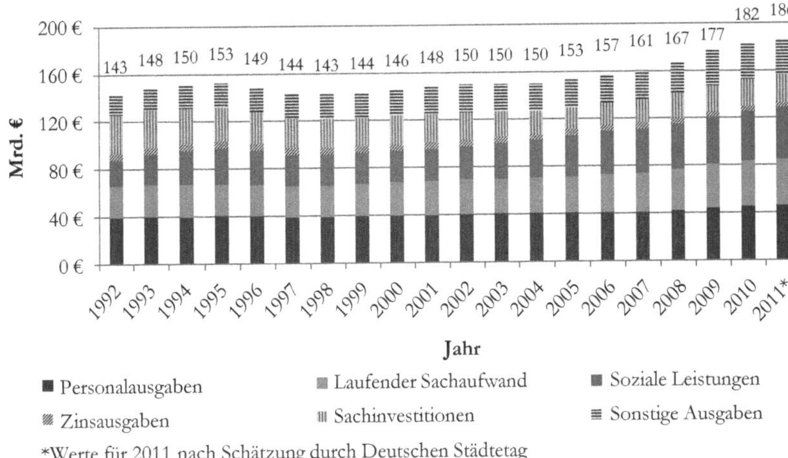

Abb. 2.3 Zusammensetzung und Entwicklung kommunaler Ausgaben der Kernhaushalte von 1992 bis 2011. (Quelle: eigene Darstellung, Daten nach Deutscher Städtetag (2010a). Nicht berücksichtigt sind die Stadtstaaten, Krankenhäuser mit kaufmännischem Rechnungswesen sowie ausgegliederte Einrichtungen der Kommunen)

Unternehmungen erfolgen (Schwarting 2006, S. 36–38). Abbildung 2.3 zeigt die aus der Aufgabenausübung folgenden kommunalen Ausgaben der Kernhaushalte im Zeitraum 1992 bis 2011 auf.

Insgesamt stiegen die Ausgaben im betrachteten Zeitverlauf von 143 Mrd. € auf 186 Mrd. € oder um ca. 30 % an. Den größten Ausgabenposten bilden die Personalausgaben mit durchschnittlich ca. 27 % der Gesamtausgaben. Diese sind jedoch unterproportional um nur 17 % angestiegen. Den größten Anstieg verzeichnen die Ausgaben für soziale Leistungen in Höhe von mehr als 103 %.[10] Mit durchschnittlich über 20 % der Gesamtausgaben handelt es sich außerdem um den zweitgrößten Ausgabenposten, gefolgt von laufenden Sachaufwendungen mit durchschnittlich 19 % Gewicht und einem Anstieg von 47 %.[11] Den sowohl nach relativem Gewicht an den Gesamtausgaben als auch nach Anstieg unbedeutendsten Posten bilden die Ausgaben für Zinsen. Aus den Zinsausgaben kann jedoch nicht auf die Entwick-

[10] Der Anstieg der sozialen Leistungen weist innerhalb der letzten Jahre gar eine steigende Dynamik auf (Landsberg 2010, S. 284). Dies lässt sich sowohl auf strukturelle Gründe als auch auf zusätzliche Lastenabwälzung auf die Kommunen zurückführen. Denn entgegen des Konnexitätsprinzips erfolgt kein adäquater finanzieller Lastenausgleich (Articus 2010, S. 288).

[11] Sachaufwendungen sind u. a. Geschäftsausgaben, Miet- und Pachtausgaben, Ausgaben für die Unterhaltung von Hoch- und Tiefbauten etc.

lung des Schuldenstandes der Kommunen geschlossen werden, da diese auch vom allgemeinen Zinsniveau abhängen.

Die Sachinvestitionen sind als einziger Ausgabenposten im betrachteten Zeitraum um 31 % zurückgegangen. Zu beachten ist jedoch, dass mit der zunehmend zu verzeichnenden Ausgliederung kommunaler Aktivitäten in kommunale oder private Unternehmungen auch deren Investitionstätigkeit nicht mehr statistisch erfasst wird.[12] Dennoch lässt sich ein seit längerem anhaltender Trend signifikant sinkender kommunaler Investitionsausgaben erkennen. Das Deutsche Institut für Urbanistik schätzt bis 2020 einen durchschnittlich jährlichen Investitionsbedarf der Kommunen in Höhe von 47 Mrd. € bei einem bereits angestauten Investitionsrückstand von 75 Mrd. € (Reidenbach et al. 2008, S. 19–25). Dies führt zu sinkenden Nettoinvestitionen, so dass der Werteverzehr generell größer ist als die Ersatzbeschaffungen sowie zu einer sukzessiv ansteigenden Lebensdauer der Investitionsgüter. Nach Schwarting (2006, S. 263) wurde bereits ein Minimalniveau zur Erhaltung eines notwendigen Mindestmaßes erreicht. Eine Drosselung bzw. zeitliche Verschiebung der Investitionsausgaben bei sinkenden Einnahmen stellt zwar die finanzwirtschaftlich adäquate Konsequenz dar. Unter Beachtung wohlfahrtsökonomischer Aspekte mag dies hingegen wenig optimal erscheinen. Denn die gesamtwirtschaftliche Bedeutung der kommunalen Investitionstätigkeit ist beträchtlich. So wurden laut Kassenstatistik des Statistischen Bundesamts zuletzt im Jahr 2009 ca. 54 % der gesamten öffentlichen Investitionen (ohne Berücksichtigung von Ausgliederungen) von den Gemeinden durchgeführt (Statistisches Bundesamt (2010)). Eine dauerhafte Unterschreitung des wohlfahrtsökonomisch optimalen Investitionsbedarfs kann somit als äußerst problematisch angesehen werden.

Von weiterem Interesse ist ferner die Schwankungsintensität der kommunalen Ausgabenpositionen. Diese kann analog zu der Untersuchung der Streuung der Einnahmepositionen in Tab. 2.2 ebenfalls anhand der Kennzahlen Standardabweichung für die absolute Streuung und Variationskoeffizient für die relative Streuung erfolgen. Nachfolgende Tab. 2.5 stellt dies für den Zeitraum 1992 bis 2011 dar.

Die niedrigste Streuung in Bezug auf die Gesamtausgaben weisen die Zinsausgaben auf (Standardabweichung 0,51). Die Personalausgaben verursachen gleichsam die geringsten relativen Schwankungen (Variationskoeffizient 0,05). Hervorzuheben sind allerdings die Ausgaben für soziale Leistungen, deren Schwankung sowohl in Bezug auf die Gesamtausgaben (Standardabweichung 6,25) als auch auf die relative Streuung (Variationskoeffizient 0,19) in der betrachteten Zeitperiode

[12] Die zugrunde liegenden Daten des Gemeindefinanzberichtes des Deutschen Städtetages basieren lediglich auf den Kernhaushalten der Kommunen. Die Investitionstätigkeit der kommunalen Unternehmungen wird auf ca. 47 % geschätzt (Reidenbach 2006, S. 24).

Tab. 2.5 Standardabweichung und Variationskoeffizient der kommunalen Ausgabenkomponenten von 1992 bis 2011. (Quelle: eigene Darstellung, Daten nach Deutscher Städtetag (2010a))

	Standardabweichung	Variationskoeffizient
Personalausgaben	2,04	0,05
Laufender Sachaufwand	3,91	0,13
Soziale Leistungen	6,25	0,20
Zinsausgaben	0,51	0,10
Sachinvestitionen	4,09	0,17
Sonstige Ausgaben	3,56	0,16
Summe	12,75	0,08

am höchsten ausfällt. Somit erscheinen vor allem die Ausgaben für soziale Leistungen unstetig zu verlaufen.[13] Als nächstes folgen in relativer wie auch absoluter Schwankung die Ausgaben für Sachinvestitionen (Standardabweichung 4,1; Variationskoeffizient 0,17), wobei diese mit Ausnahme des Zeitraums 2006–2009 fast ausschließlich negative Schwankungen aufweisen.

Die kommunalen Investitionen bilden außerdem die Basis der regulären kommunalen Kreditverschuldung, welche außer zur Überbrückung kurzfristiger Notstände ausschließlich zum Zweck der Investitionsfinanzierung vorgesehen ist. Letztere erweist sich genau dann als wohlfahrtsökonomisch sinnhaft,

- falls aus einer situativen Notwendigkeit heraus die Opportunitätskosten einer Unterlassung der Investitionstätigkeit die Zinsbelastung bei Durchführung übersteigen, wie es bspw. im Rahmen einer nachfragestimulierenden Wirtschaftspolitik in konjunkturellen Schwächephasen der Fall sein kann oder
- unter Beachtung der ökonomischen Äquivalenz von Nutzung und Finanzierung einer Investition, so dass auch zeitlich spätere Nutzer einer Investition durch ihre an die Kommune fließenden Abgaben an der Investitionsfinanzierung beteiligt werden (Wagener 2005, S. 522).

Von einem ökonomischen Standpunkt betrachtet, besteht bei der kommunalen Daseinsvorsorge die Notwendigkeit einer stetigen, von der konjunkturellen Entwicklung unabhängigen Gewährleistung und somit nach einer gleichmäßigen

[13] Eine weiterführende Regressionsanalyse, die den Zusammenhang der Ausgabenentwicklung mit dem Konjunkturverlauf herzustellen versucht, liefert für keine Ausgabenkomponente ein statistisch signifikantes Ergebnis. Der Konjunkturverlauf wurde dabei um unterschiedliche Periodenlängen zeitversetzt, um die Wirksamkeit der Konjunktur auf die die Ausgaben zu ermöglichen, ohne dass andere Resultate erzielt wurden.

Ausgabenentwicklung. Tatsächlich müssen die Kommunen jedoch ihr Ausgabenverhalten an die im letzten Kapitel aufgezeigten schwankungsanfälligen Einnahmen anpassen. Hinzu kommt, dass in konjunkturellen Abschwungphasen, d. h. bei in der Regel sinkenden Einnahmen, für einige Ausgabenposten, wie z. B. den sozialen Leistungen, aufgrund der ansteigenden Arbeitslosigkeit gar ein Zuwachs notwendig wird. Dies erfordert bei sinkenden Gesamtausgaben ferner Umschichtungen zwischen den Ausgabeposten und schafft eine zunehmende Asymmetrie in der Verteilung der kommunalen Einnahmen, worunter vor allem freiwillige kommunale Aufgaben, aber auch die Investitionsausgaben leiden. Aufgrund der Verpflichtung der Kommunen zu einer ausgeglichenen Haushaltswirtschaft kann eine Fremdkapitalaufnahme zur Linderung dieser Asymmetrie nur als kurzfristige Überbrückung herangezogen werden.[14]

Vor dem Hintergrund dieser Einnahmen-Ausgaben-Diskrepanz findet eine Diskussion um ein sich aus der kommunalen Selbstverwaltung ergebendes Recht nach einer adäquaten Mindestfinanzausstattung statt, welches jedoch in der Rechtsprechung umstritten ist (Dombert 2006, S. 1136). In der finanzwissenschaftlichen Literatur ist dieses Problem umfassend diskutiert worden. Die häufig geforderte Verstetigung der Einnahmen, speziell der Steuereinnahmen sowie des kommunalen Finanzausgleichs, würde die Kommunen dazu befähigen, ihre Aufgaben effizienter und wirtschaftlicher zu vollziehen (Broer 2003, S. 132).[15] Döring (2007, S. 46) sieht die Notwendigkeit, nicht Symptomlinderung zu betreiben, sondern strukturelle Veränderungen der kommunalen Finanzausstattung durchzuführen. Als Ziel dieser Strukturreform soll eine Erhöhung des Wettbewerbs innerhalb des föderalen Systems gepaart mit höherer Autonomie der Kommunen bei der Generierung von Einnahmen erreicht werden.

[14] In den letzten Jahren zeigt sich jedoch eine stetige Zunahme der eigentlich zur Überbrückung kurzfristiger Notlagen gedachten Kreditfinanzierung. Viele Kommunen weisen demnach de facto eine strukturelle Verschuldung auf, um ihren Ausgabenverpflichtungen nachkommen zu können. Vgl. hierzu Kap. 2.

[15] Als mögliches Instrument der Verstetigung kommunaler Einnahmen wird in der Wissenschaft die Einführung eines Stabilitätsfonds diskutiert (Broer 2003, S. 135–136). So verteilt das Land Rheinland-Pfalz seit 2007 die Landeszuweisungen an die Städte und Gemeinden im Rahmen des kommunalen Finanzausgleichs durch einen Fonds, welcher Differenzen aus der tatsächlich verfügbaren Ausgleichsmasse und einer auf der historischen Entwicklung basierenden Trendschätzung ausgleicht (Deubel 2007, S. 515–516).

Kommunale Verschuldung 3

3.1 Ökonomische Grundlagen kommunaler Verschuldung

Die Relevanz der kommunalen Verschuldung und damit eine inhaltliche Begründung für deren Analyse erfolgt im Wesentlichen aus vier Gründen:

Erstens bildet die Diskrepanz von kommunalen Einnahmen und Ausgaben (Finanzierungssaldo) den Ausgangspunkt der zunehmenden Finanznot der Kommunen.[1] Aus dieser Lücke entsteht ein Bedarf nach Fremdkapital. So existieren zwar starke regionale Unterschiede. Dennoch ist ein genereller Anstieg bei der Höhe der Finanzierungssalden der deutschen Städte und Gemeinden zu verzeichnen. Analog der Argumentation des Bundesverfassungsgerichts zur Feststellung von Notlagen öffentlicher Haushalte lässt sich zur Analyse der Gemeindefinanzen das Konzept des Primärsaldos verwenden. Hierbei werden die Einnahmen um einmalige Effekte durch Veräußerungserlöse und die Ausgaben um vergangenheitsbezogene Ausgaben für Zinsen vermindert (Dietz 2008, S. 864). Nachfolgende Abbildung 3.1 zeigt den ansteigenden Verlauf des Primärsaldos der deutschen Gemeinden im Zeitablauf auf, welcher auf zunehmend angespannte Haushaltssituationen schließen lässt. Somit existiert ein ansteigender Bedarf nach liquiden Mitteln.

Zum zweiten sind der Verschuldung der kommunalen Kernhaushalte selbst enge Grenzen gesetzt. Allgemein ist zu beachten, dass eine Rangfolge bei der Beschaffung von Finanzmitteln existiert, wonach eine mögliche und wirtschaftlich sinnvolle Innenfinanzierung der Außenfinanzierung stets vorzuziehen ist (Rehm und Tholen 2005, S. 224). Langfristige Verschuldung kann ferner nur erfolgen, sofern ein direkter Zusammenhang zur Investitionstätigkeit der Gemeinden besteht

[1] Einnahmen und Ausgaben werden dabei um besondere Finanzierungsaktivitäten wie Schuldenaufnahmen und -tilgungen, innere Darlehen oder Ruckstellungen bereinigt. Der Finanzierungssaldo ergibt sich aus den regelmäßigen Einnahmen abzüglich der Kernausgaben der Gemeinden.

M. Sidki, *Grundlagen kommunaler Finanzierung und Verschuldung*, essentials, DOI 10.1007/978-3-658-04710-8_3, © Springer Fachmedien Wiesbaden 2014

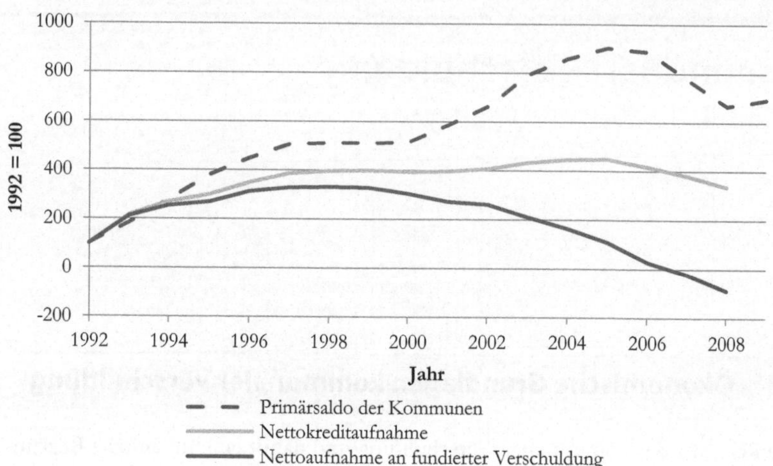

Abb. 3.1 Primärsaldo und Verschuldungszunahme der Kommunen von 1992 bis 2009. (Quelle: eigene Berechnungen, Daten nach Deutscher Städtetag (2010a))

(fundierte Verschuldung).[2] Diese Art der Verschuldung unterliegt jedoch nebst Zustimmungspflicht des Gemeinderates einer Genehmigung durch die Kommunalaufsicht. Voraussetzung für Letztere ist das Vorliegen einer geordneten Haushaltwirtschaft sowie nur minimale Konsequenzen der Verschuldung auf die dauerhafte finanzielle Leistungsfähigkeit der Kommune durch die entstehenden Zins- und Tilgungszahlungen (Matz 2007, S. 198). Kommunen müssen ihre finanzwirksamen Vorgänge in Haushaltsplänen transparent wiedergeben. Sie sind generell dazu verpflichtet, ausgeglichene Haushalte derart aufzustellen, dass alle laufenden öffentlichen Ausgaben durch laufende Einnahmen gedeckt werden können. Somit können sie in finanziell angespannten Situationen gegebenenfalls nicht mehr auf Fremdkapital zur Finanzierung von Investitionen zurückgreifen. Hierdurch werden die übermäßige Nutzung von Fremdkapital vermieden und die Entscheidungsträger der Kommunen diszipliniert. Ausgenommen ist hierbei die Kreditfinanzierung rentierlicher Investitionen. Eine Fremdkapitalaufnahme schränkt die dauerhafte finanzielle Leistungsfähigkeit einer Gemeinde dann nicht ein, falls eine Investition ausreichende Zahlungsmittelzuflüsse generiert, um die eigenen Finanzierungsverbindlichkeiten zu bedienen (Rehm und Tholen 2005, S. 240). Rentierlichkeit be-

[2] Bei Vernachlässigung von Umschuldungsmaßnahmen.

wirkt demnach eine neutrale nominale Haushaltswirkung.[3] Abbildung 3.1 zeigt die Entwicklung der fundierten Verschuldung deutscher Kommunen im Zeitablauf, welche sich seit ca. dem Jahrtausendwechsel in zunehmender Dynamik verringert. Dies lässt jedoch mitnichten den Schluss zu, dass eine verringerte Finanzierung durch Fremdkapital gleichbedeutend ist mit einer verstärkten Investitionsfinanzierung durch Einnahmeüberschüsse. Vielmehr liegen die Gründe zum einen darin, dass immer mehr kommunale Tätigkeiten – inklusive der Investitionen – von Ausgliederungen durchgeführt werden, die nicht mehr in den Kernhaushalten der Städte und Gemeinden abgebildet werden. Zum anderen verhindert das zunehmende Unvermögen vieler Kommunen zur Aufstellung ausgeglichener Haushalte die Durchführung von Investitionsfinanzierungen per se (Schwarting 2006, S. 91). Auch die der Kommunalaufsicht dann vorzulegenden Haushaltssicherungskonzepte werden in zunehmendem Maße von dieser zurückgewiesen, da keine mittelfristige Konzeption zur Wiedererreichung eines ausgeglichenen Haushalts dargelegt werden kann. Als Konsequenz dürfen solche Gemeinden nur noch rechtlich verpflichtende Ausgaben tätigen und müssen ihre Verschuldung – auch zur Finanzierung von Sachinvestitionen – einschränken (Deutsche Bundesbank 2007, S. 30–31). Dies äußert sich nicht auch zuletzt in dem in Kap. 2.2 erläuterten Investitionsstau der Gemeinden. Insofern kann ein sinkender Schuldenstand einer Kommune nicht als positives Signal gewertet werden. Vielmehr ist stets eine fallabhängige und individuelle Beurteilung jedes Sachverhaltes erforderlich.

Den dritten Grund stellen Kassenverstärkungskredite als zweite mögliche Ausgestaltungsform kommunaler Verschuldung dar. Es handelt sich dabei um Liquiditätskredite, welche ausschließlich der Überbrückung kurzfristiger Inkongruenzen kommunaler Einnahmen und Ausgaben dienen und nicht dem haushaltsrechtlichen Kreditbegriff zugeordnet werden. Sie haben regelmäßig eine Laufzeit von höchstens zwölf Monaten und sind, sofern sie zur Investitionsfinanzierung eingesetzt werden, stets durch eine fundierte Kreditaufnahme zu ersetzen. Dennoch zeigt sich immer häufiger, dass Kommunen Kassenverstärkungskredite auch

[3] Von dieser einzelwirtschaftlichen und auf Cashflows bezogenen Begriffsfassung von Rentierlichkeit ist ferner die volkswirtschaftliche zu differenzieren. Eine unter ganzheitlichen und dynamischen Kosten-Nutzen-Kalkülen erhobene wohlfahrtsökonomische Betrachtung von Investitionstätigkeiten mag durchaus positiv und somit volkswirtschaftlich rentierlich sein. Jedoch ist hierbei nicht auf die Neutralität der Haushaltswirkung abzustellen. Vielmehr können derartige Investitionen auch zusätzliche Belastungen für kommunale Haushalte darstellen, sofern durch entsprechende Zahlungsmittelflüsse nicht auch die auf Cashflows bezogene Rentierlichkeit gedeckt ist. In diesem Falle kann bei hinreichend geförderten oder dringend erforderlichen Investitionen ein Ausnahmetatbestand geltend gemacht werden, so dass die Kommunalaufsicht trotz nicht ausreichend vorhandener Finanzkraft eine Genehmigung zur Fremdkapitalaufnahme erteilen kann (Schwarting 2007, S. 85–86).

dauerhaft zur Deckung von Finanzierungssalden nutzen, wodurch sie von ihrer ursprünglichen Aufgabenerfüllung zweckentfremdet werden und nach ihrem ökonomischen Gehalt einer fundierten Kreditaufnahme ohne Investitionsbezug gleichzusetzen sind (Schwarting 2007, S. 142). Eine regulatorische Begrenzung existiert im Gegensatz zur fundierten Verschuldung lediglich in einigen Ländern bei Überschreitung bestimmter Volumina. Die in Abb. 3.1 im Zeitablauf dargestellte Gesamtverschuldung stagniert zwar seit Mitte der 1990er Jahre nahezu. Jedoch lässt dies unter Berücksichtigung der stark abfallenden fundierten Verschuldung auf eine hinreichend große Zunahme der Verschuldung in Kassenverstärkungskrediten schließen. Letztlich werden – bei Beachtung starker regionaler Unterschiede – Kassenverstärkungskredite nunmehr bei vielen Kommunen als Instrument eingesetzt, um die faktische Zahlungsunfähigkeit abzuwenden, welche sich in kumulierten und weiter anwachsenden Fehlbeträgen in den Haushalten widerspiegelt (Schwarting 2008, S. 267).[4] Es besteht deshalb bei vielen Kommunen ein großer Bedarf an Fremdkapital ohne direkten Investitionsbezug.

Viertens müssen auch kommunale Ausgliederungen und deren Fremdkapitalbezug beachtet werden. Kommunale Unternehmungen sind zwar eng mit der kommunalen Haushaltswirtschaft verknüpft, unterliegen jedoch nicht denselben Restriktionen der Kernhaushalte. Vor allem kommunale Ausgliederungen in privatwirtschaftlich organisierten Rechtsformen, bspw. als Kapitalgesellschaften, können unter Beachtung der Kommune in ihrer Rolle als (Mit-)eigentümer ihre Fremdkapitalentscheidungen ohne gesonderte Genehmigungspflicht treffen. Haushaltsrechtliche Begrenzungsmechanismen greifen demnach nicht mehr, was als ein Grund für die zuletzt stetig zunehmenden Ausgliederungsaktivitäten der Kommunen angesehen werden kann. Erfüllen diese aber kommunale Aufgaben und entstehen dabei dauerhafte Verluste, so erwachsen den Städten und Gemeinde hierdurch finanzielle Risiken, die über die eigentliche Haftungseinlage in die Unternehmungen hinausgehen.

Generell handelt es sich bei der kommunalen Verschuldung um einen Trade-off zwischen der durch eine Kreditaufnahme ermöglichten hinreichenden Erfüllung der Aufgaben der Städte und Gemeinden, d. h. der Erfüllung der kommunalen Leistungen, zu denen sie verpflichtet sind und der Einengung der künftigen finanziellen Handlungsspielräume, was sich für die Aufgabenerfüllung als negativ erweisen kann. Laut Zimmermann (2006, S. 392) begründet sich die Nutzung kommunaler Kredite durch die intertemporale (im Sinne einer intergenerationalen) Las-

[4] Wobei unter Zahlungsunfähigkeit die Unfähigkeit zur fristgerechten Erfüllung des vertraglich vereinbarten Kapitaldienstes, d. h. von Zins- und Tilgungszahlungen, gegenüber den Gläubigern zu verstehen ist.

tenverteilung, d. h. durch die äquivalente Kostenverteilung von z. B. Infrastrukturprojekten auf künftige Generationen, welche ebenfalls zum künftigen Nutzerkreis der betreffenden Infrastrukturinvestition gehören. Es erfolgt daher eine zeitliche Allokation von Kosten und Nutzen einer Investition gemäß des „pay-as-you-use"-Prinzips. Schwarting (2007, S. 32) weist jedoch darauf hin, dass in den letzten Jahren das Investitionsvolumen hinter den Abschreibungen zurückblieb, während sich der Schuldenstand nicht entsprechend verringerte. Dies erscheint hingegen unter intergenerativen Gerechtigkeitsaspekten höchst fragwürdig.

Eine zweite Begründung findet sich in der rentierlichen Schuldenfinanzierung von Cashflow-generierenden Objekten, die sich somit faktisch selbst finanzieren. Unterstellt man eine sinngemäße Verknüpfung von Investitionstätigkeit und Verschuldung, lässt sich eine ökonomisch durchaus sinnvolle Begründung konstruieren. Kommunale Verschuldung ist im ökonomischen Sinne dann vertretbar, wenn sie der Investitionsfinanzierung dient, d. h. wenn der Verschuldung eine Generierung von Vermögen gegenübersteht. Die kommunale Kreditwirtschaft steht demnach teilweise – zumindest im positiven Sinne interpretiert – in direktem Zusammenhang zur Investitionstätigkeit der Städte und Gemeinden. Fremdkapitalaufnahmen sind vor allem dann förderlich, falls Investitionen finanziert werden, die Erträge generieren und unter Beachtung der Finanzierungskonditionen einen positiven Nettobarwert erwirtschaften, wodurch die Kommune Wert schafft.

Zimmermann (2006, S. 394) weist ferner auf eine politökonomische Begründung kommunaler Schuldenaufnahme hin, wonach seitens der politischen Entscheidungsträger im Gemeinderat auch andere Ziele als ausschließlich ökonomische in das Entscheidungskalkül zur Kreditaufnahme mit einfließen. Dies wird außerdem durch eine Schuldenillusion der Entscheidungsträger und Bürger verstärkt, welche die zukünftige Belastung durch die Neuverschuldung nicht vollumfänglich korrekt einzuschätzen vermögen. Wird diese unterschätzt, kann die Neuaufnahme an Fremdkapital mitunter unverhältnismäßig hoch ausfallen.

Letztendlich kann kommunale Verschuldung durch Kassenverstärkungskredite auch zum Ausgleich kurzfristiger Liquiditätsengpässe ohne Investitionsbezug stattfinden. Dies erscheint insofern ökonomisch sinnvoll, da andernfalls eine bestehende Lücke durch Steuermehreinnahmen gedeckt werden müsste, so dass das Steueraufkommen stärkeren Schwankungen unterläge. Daher dient die kurzfristige Verschuldung zur Glättung und Stabilisierung der Steuersätze (Sachverständigenrat 2007, S. 45–46). Eine allgemeine ökonomische Begründung für die dauerhafte Nutzung von Kassenverstärkungskrediten zur Deckung struktureller Finanzierungsdefizite der Kommunen erfolgt hierdurch indes nicht. Im Gegensatz zur Verschuldung von Bund und Ländern dient die Schuldenaufnahme der Städte und Gemeinden außerdem nicht unmittelbar fiskalpolitischen Zielsetzungen, bspw.

zur Konjunkturstimulierung in wirtschaftlich schwachen Zeiten. Auch wenn das kommunale Haushaltsrecht einen Bezug der ökonomischen Tätigkeit zu den Erfordernissen des gesamtwirtschaftlichen Gleichgewichts herstellt, existieren keine konkretisierenden Handlungsanweisungen an ein konjunkturpolitisch gerechtes Verhalten (Schwarting 2010, S. 79). Die Kommunen betreiben die Steuerung ihrer Schulden deshalb einzelwirtschaftlich, wenn auch eine Verbindung der kommunalen Verschuldungsaktivitäten, vor allem aufgrund des hohen Anteils öffentlicher Investitionen, zur gesamtstaatlichen Wirtschaftspolitik besteht.

3.2 Stand und Entwicklung der kommunalen Verschuldung

Ein großer Unterschied zwischen der Kreditaufnahme des Bundes und der Kommunen liegt in der Vorab-Prüfung der kommunalen Geldleihe durch die Kommunalaufsicht. Staatliche Verschuldung wird bestenfalls nachträglich überprüft, wobei aufgrund der zeitlichen Differenz einer späteren Legitimierung oder Illegitimierung keine ökonomische Konsequenz, sondern vielmehr nur politische Bedeutung innewohnt. Staatsverschuldung findet ferner in einem weiteren Spektrum statt. Insbesondere Kapitalmarkttransaktionen sind für Kommunen nur in bestimmten Situationen möglich, da die erforderlichen kostendeckenden Mindestvolumina in der Regel nicht erreicht werden (Schwarting 2007 S. 45–46). Eine zweckmäßige Betrachtung der kommunalen Verschuldung umfasst die Fremdkapitalaufnahme aller Institutionen, die kommunale Aktivitäten durchführen. Diese breit gefasste Definition ist nicht auf die unmittelbare Verschuldung der Kommunen, d. h. die Verschuldung der Kernhaushalte, begrenzt, sondern schließt ebenfalls die mittelbare Fremdkapitalaufnahme, d. h. die Verschuldung kommunaler Ausgliederungen, mit ein. Bei einer gesamtwirtschaftlichen Untersuchung sind ferner die kommunalen Extrahaushalte von Bedeutung, die sich im Wesentlichen aus Zweckverbänden zusammensetzen. Deren Verschuldung kann zwar nicht bestimmten Kommunen zugeordnet werden, ist aber ebenfalls für eine Erhebung der Gesamtverschuldung relevant. Abbildung 3.2 beschreibt die Entwicklung der kommunalen Verschuldung in der Bundesrepublik Deutschland für den Zeitraum der Jahre 1992 bis 2010.

Es zeigt sich, dass die fundierte Verschuldung der kommunalen Extrahaushalte von tendenziell untergeordneter Rolle ist und sich im Zeitablauf ferner mehr als halbierte. Auch die Kassenverstärkungskredite der Extrahaushalte fallen kaum ins Gewicht. Bei der fundierten Verschuldung der kommunalen Kernhaushalte war zwar insgesamt ein Anstieg von in etwa 13 % zwischen den Jahren 1992 und 2010 zu verzeichnen, jedoch sank die Neuverschuldung von 2005 bis 2009 stetig, so dass der Schuldenstand im Jahr 2010 gegenüber des Höchststandes von 2004 um über

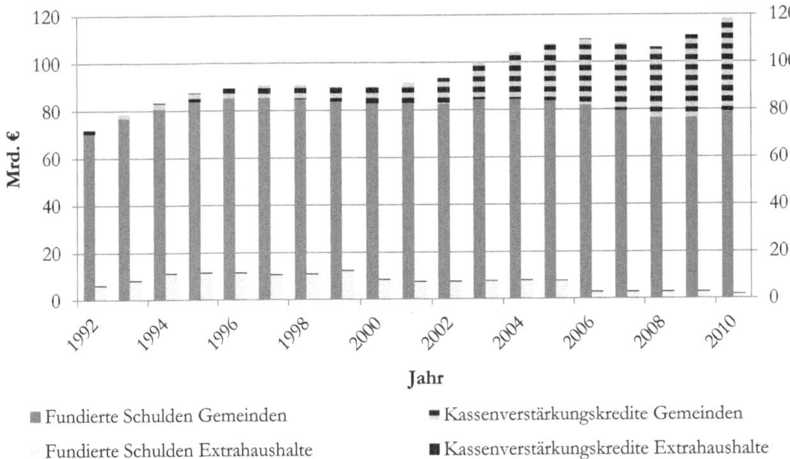

Abb. 3.2 Entwicklung der Verschuldung der kommunalen Kernhaushalte in Deutschland von 1992 bis 2010. (Quelle: eigene Darstellung, Daten nach Statistisches Bundesamt (2011, S. 58–67))

6 % reduziert werden konnte. Diese Entwicklung lässt sich aber nicht zwingend auf positive Faktoren, wie eine zunehmende Rückführung der Schulden in Zeiten guter wirtschaftlicher Entwicklung oder eine gestiegene Haushaltsdisziplin, zurückführen, sondern kann ebenfalls der zunehmenden Ausgliederung kommunaler Aktivitäten oder ansteigender Haushaltsnotlagen geschuldet sein.

Deutlicher lässt sich die signifikante Zunahme der Nutzung von Kassenverstärkungskrediten ablesen. Während im Jahr 1992 Kassenverstärkungskredite in Höhe von knapp 1,4 Mrd. € ausstanden, wurden im Jahr 2010 39,2 Mrd. € verzeichnet, was einem Anstieg um mehr als dem 27-fachen entspricht. Dieser enorme Anstieg, der sich auch in den wirtschaftlich guten Zeiten zwischen den Jahren 2005 und 2009 unvermindert fortsetzte, lässt eine prekäre Situation der kommunalen Haushalte vermuten und untermauert obige Behauptung einer zunehmenden Nutzung derartiger Kredite zur dauerhaften Deckung von Finanzierungssalden.

Allgemein erlaubt die bisherige Untersuchung allerdings keine Aussage über die tatsächliche Verteilung der Verschuldung auf die einzelnen Städte und Gemeinden. Um eine detailliertere Aussage hierüber treffen zu können, wird daher in den nachfolgenden Untersuchungen eine Betrachtung der kommunalen Verschuldung getrennt nach Bundesländern sowie unter Beachtung der kommunalen Ausgliederungen durchgeführt. Die Bundesländer erscheinen dabei als übergeordnete Staatsebene, welchen die Kommunen staatsorganisatorisch zugeordnet sind, als geeignete Indikation der regionalen Verteilung. Aufgrund des Charakters der Stadt-

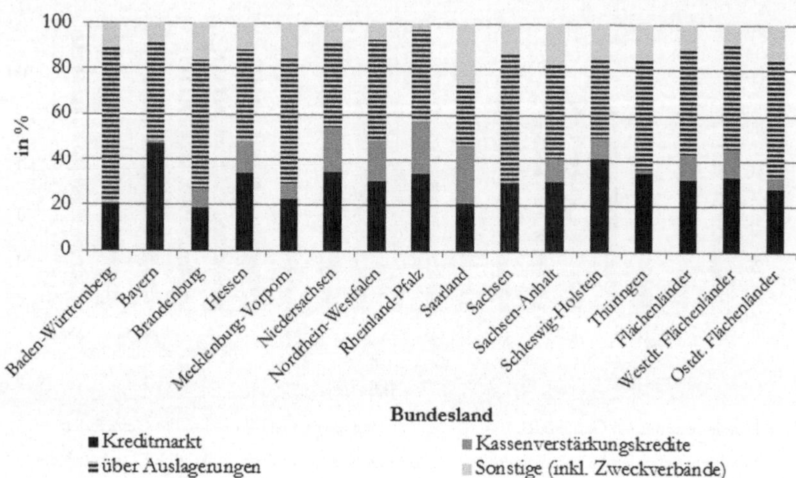

Abb. 3.3 Kommunale Schuldenelemente nach Bundesländern zum Stichtag 31. Dezember 2007. (Quelle: eigene Darstellung, Daten nach Junkernheinrich und Micosatt (2008, S. 121))

staaten als sowohl Bundesland als auch Kommune und der sich daraus ergebenden Problematik der Vergleichbarkeit werden lediglich die Kommunen der Flächenländer betrachtet. Abbildung 3.3 beschreibt nach dieser Systematik die Zusammensetzung der kommunalen Verschuldung inklusive den Ausgliederungen zum Stichtag 31. Dezember 2007 getrennt nach den einzelnen Bundesländern.

Das Schaubild zeigt eine heterogene Struktur der kommunalen Verschuldung in den einzelnen Bundesländern auf. Während die fundierte Verschuldung am Kreditmarkt im Jahr 2007 in Brandburg lediglich 19 % der gesamten Verschuldung ausmachte, wandte Bayern 47 % dafür auf. Bei der Nutzung von Kassenverstärkungskrediten wird die Differenz zwischen den Ländern noch deutlicher. In Baden-Württemberg lag sie lediglich bei 0,3 % der Gesamtverschuldung, wohingegen im Saarland bereits über 25 % der Verschuldung über Kassenverstärkungskredite erfolgte. Es zeigen sich mithin deutlich die Schwächen einer ausschließlichen Betrachtung der fundierten Verschuldung und der Kassenverstärkungskredite der Kernhaushalte. Diese zeichneten sich lediglich für maximal 57 % (Rheinland-Pfalz) bzw. minimal 21 % (Baden-Württemberg) der Gesamtverschuldung der Kommunen verantwortlich. Die Verschuldung über Ausgliederungen variierte zwischen 27 % im Saarland und 69 % in Baden-Württemberg. Im Vergleich der westdeutschen und ostdeutschen Bundesländer fällt auf, dass im Westen die fundierten Kreditmarktschulden sowie die Kassenkredite um 5 % bzw. 8 % höher lagen als im

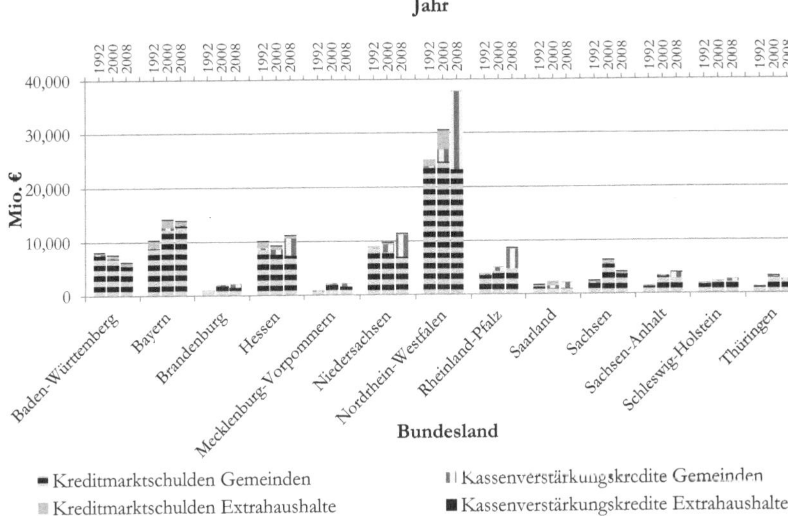

Abb. 3.4 Absolute Verschuldung der Kernhaushalte der Kommunen und Zweckverbände nach Bundesländern für die Jahre 1992, 2000 und 2008. (Quelle: eigene Darstellung, Daten nach Statistisches Bundesamt (2011, S. 58–67))

Osten, während dort der Anteil der Verschuldung über Ausgliederungen um 7 % höher war.

Es lässt sich festhalten, dass hinsichtlich der Zusammensetzung der kommunalen Verschuldung vor allem eine übermäßige Nutzung von Kassenverstärkungskrediten als problematisch zu erachten ist, da dort im Vergleich zur fundierten Verschuldung und der Verschuldung der Ausgliederungen weniger auf eine dahinterstehende Investitionstätigkeit abgestellt werden kann. Hier fallen insbesondere Niedersachsen, Rheinland-Pfalz sowie das Saarland auf, deren Nutzung jeweils bei ca. 20 % und mehr lag.

In absoluten Werten zeigen sich für die Kommunen in den jeweiligen Bundesländern ebenfalls deutliche Differenzen. Abbildung 3.4 beschreibt die Entwicklung der fundierten Kreditmarktschulden sowie der Verschuldung in Kassenverstärkungskrediten der Kernhaushalte der Gemeinden und Zweckverbände der 13 Flächenländer für die Jahre 1992, 2000 und 2008 auf.

Insgesamt konnte nur in Baden-Württemberg ein stetiger Rückgang der Gesamtverschuldung im betrachteten Zeitraum erreicht werden. Hessen verzeichnete als einziges Bundesland einen Rückgang der Gesamtverschuldung bis zum Jahr 2000, gefolgt von einem betragsmäßig größeren Anstieg bis 2008. Fünf Bundesländer, davon drei aus dem ostdeutschen Raum, zeigten eine Verschuldungszunahme bis 2000, gefolgt von einer Abnahme bis 2008, wobei der Schuldenstand über den gesamten Zeitraum betrachtet in allen Fällen anstieg. Die sechs restlichen Länder zeigten einen generellen Verschuldungsanstieg. Auch die zunehmende Steigung der Kassenverstärkungskredite einiger Bundesländer wird deutlich. Im Jahr 2008 wiesen acht Bundesländer einen Anteil an Kassenverstärkungskrediten relativ zur Gesamtverschuldung von mehr als 20 % auf, während dies im Jahr 2000 lediglich auf ein Bundesland (Saarland) und im Jahr 1992 auf kein Bundesland zutraf. Generell lassen sich somit zunehmende Asymmetrien zwischen den Kommunen der jeweiligen Bundesländer erkennen.

Ein Vergleich der Verschuldung der Kommunen in den jeweiligen Bundesländern erfordert die Berücksichtigung deren unterschiedlichen Größen. Diese lassen sich an der Einwohnerzahl bemessen, so dass eine Betrachtung der Pro-Kopf-Verschuldung zweckmäßig erscheint. Als nachteilig erweist sich bei einer derartigen Betrachtung allerdings, dass ein Demographieeffekt existiert, wonach sich bei gleichbleibendem absolutem Schuldenstand durch Ab- oder Zuwanderungen im Zeitablauf die Pro-Kopf-Verschuldung verändert. Während sich dieser Effekt bei Vergleichen westdeutscher Bundesländer wenig auswirkt und vernachlässigt werden kann, muss er bei Ost- und West-Vergleichen aufgrund anhaltend signifikanter Abwanderungsbewegungen aus den neuen Bundesländern hingegen beachtet werden. Abbildung 3.5 zeigt die gesamte Pro-Kopf-Verschuldung der Gemeinden in den 13 Flächenländern inklusive deren Ausgliederungen für die Jahre 2000 und 2007 auf.

Im Mittel trugen die Kommunen im Jahr 2007 eine Schuldenlast von 3.286 € pro Einwohner, wobei die Abweichungen vom Mittelwert durchaus signifikant ausfallen. Während in Mecklenburg-Vorpommern die Verschuldung mit 4.619 € pro Kopf am höchsten ausfiel, lag die Belastung pro Einwohner in Schleswig-Holstein bei lediglich 1.957 € am niedrigsten. Die fünf ostdeutschen Bundesländer wiesen allesamt höhere Pro-Kopf-Verschuldungen auf als alle westlichen Bundesländer, so dass im ostdeutschen Raum die durchschnittliche Verschuldung bei 3.583 € pro Einwohner und im westdeutschen Raum bei 3.224 € pro Einwohner lag. Im Zeitablauf verzeichneten nur drei Bundesländer einen Rückgang der kommunalen Verschuldung pro Kopf, wobei alle drei aus dem Osten stammen (Brandenburg, Thüringen und Sachsen). Speziell im Falle Sachsens lässt sich der starke Rückgang mit der Veräußerung der Dresdener Wohnungsbaugesellschaft im Jahre 2006 erklären (Junkernheinrich und Micosatt 2008, S. 33). Der höchste Schuldenanstieg fand mit 47 % bzw. 42 % hingegen in Nordrhein-Westfalen und Rheinland-Pfalz statt. Im Durchschnitt wuchsen die Pro-Kopf-Schulden der Flächenländer im betrachteten Zeitraum um 23 %, wobei die westdeutschen Länder mit 32 % über dem Durchschnitt und die ostdeutschen Länder mit negativen – 5 % deutlich unter dem

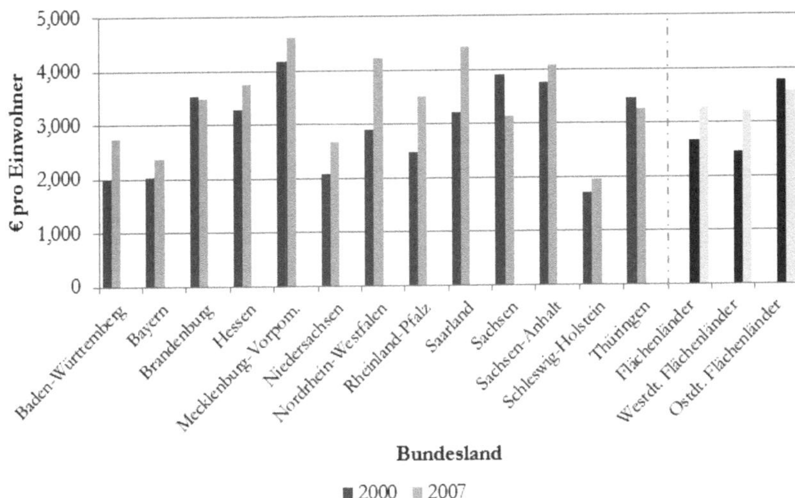

Abb. 3.5 Gesamte Pro-Kopf-Verschuldung der Kommunen nach Bundesländern für die Jahre 2000 und 2007. (Quelle: eigene Darstellung, Daten nach Junkernheinrich und Micosatt (2008, S. 121))

Durchschnitt, aber auf einem höheren Niveau lagen. An dieser Stelle schlägt nun der erwähnte Demographieeffekt durch. Ein Vergleich der Verschuldungsentwicklung in absoluten Zahlen mit der Pro-Kopf-Veränderung zwischen den Jahren 2000 und 2007 zeigt für die westdeutschen Länder eine zusätzliche Differenz von + 1,2 %, wohingegen für die ostdeutschen Länder mit – 4,5 % ein zusätzlicher Schuldenabbau zu verzeichnen ist. Dementsprechend ist dort die absolute Verschuldung deutlich stärker gesunken, was jedoch durch die massiven Abwanderungsbewegungen teilweise kompensiert wurde, so dass im ostdeutschen Raum der absolute Verschuldungsstand insgesamt auf weniger Köpfe und im westdeutschen Raum auf mehr Köpfe verteilt wird. Sachsen-Anhalt weist mit – 7,7 % die größte negative und Baden-Württemberg mit + 2,9 % die größte positive Differenz auf.

Um die Pro-Kopf-Analyse einer detaillierteren Betrachtung zu unterziehen, werden nunmehr die Bereiche Verschuldung der Kernhaushalte der Städte und Gemeinden, d. h. fundierte Kreditaufnahme und Kassenverstärkungskredite getrennt untersucht. Abbildung 3.6 stellt hierzu die fundierte Pro-Kopf-Verschuldung der Kommunen getrennt nach Bundesländern für die Jahre 2000 und 2007 dar.

Im Jahr 2007 lag die fundierte Verschuldung der Gemeinden im Durchschnitt bei 1.037 € pro Einwohner und schwankte um die Werte 562 € (Baden-Württemberg) und 1.289 € (Nordrhein-Westfalen). Im Vergleich zum Jahr 2000 konnten

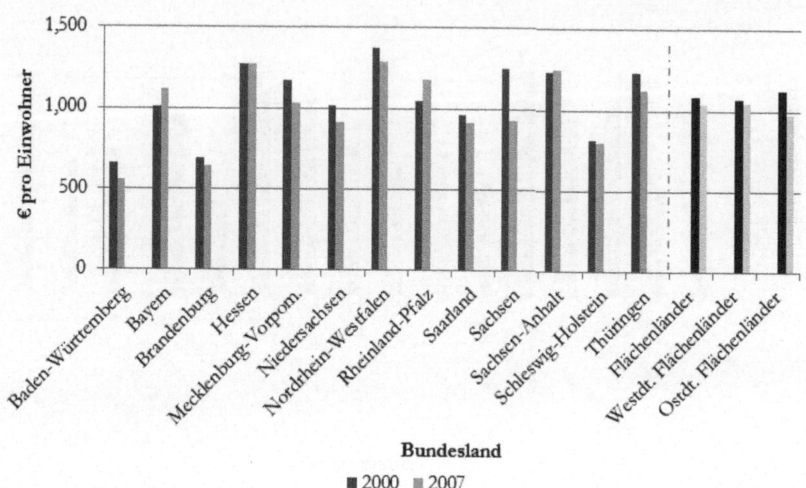

Abb. 3.6 Fundierte Pro-Kopf-Verschuldung der kommunalen Kernhaushalte nach Bundesländern für die Jahre 2000 und 2007. (Quelle: eigene Darstellung, Daten nach Junkernheinrich und Micosatt (2008, S. 122))

die Pro-Kopf-Schulden dabei um durchschnittlich über 4 % gesenkt werden, wobei insbesondere Bayern (11 %) und Rheinland-Pfalz (13 %) eine deutliche Zunahme verzeichneten. Dennoch lässt sich aus diesen Zahlen keine generelle Schuldenkrise der Kommunen ableiten. Für eine Identifikation der finanziellen Probleme von Kommunen muss vielmehr eine detailliertere Betrachtung der Bestandteile der Kreditverschuldung erfolgen. Während die fundierte Verschuldung vor allem zur Finanzierung der Investitionstätigkeit genutzt wird und somit als weniger problembehaftete Verschuldung klassifiziert werden kann, sind Kassenverstärkungskredite ein Zeichen für die tatsächliche Verschuldungskrise der Städte und Gemeinden, da ihnen keine Vermögenswerte (Infrastruktur o.ä.) gegenüberstehen und außerdem in der Regel nicht der Zustimmung der Kommunalaufsicht bedürfen (Schwarting 2010, S. 353–354). Abbildung 3.7 zeigt die kommunale Verschuldung in Kassenverstärkungskrediten nach Bundesländern getrennt für die Jahre 2000 und 2007 auf.

Es zeigen sich deutliche Diskrepanzen zwischen den Bundesländern, worin sich letztlich die Auswirkungen einer kommunalen Finanz- oder Schuldenkrise widerspiegeln. Neun Bundesländer verzeichneten einen Anstieg in Kassenverstärkungskrediten von mehr als 100 %. Dieselben neun Bundesländer wiesen dabei im Jahr 2007 die höchsten absoluten Verschuldungsniveaus mit Beträgen zwischen 175 € pro Einwohner (Schleswig-Holstein) und 1.115 € pro Einwohner (Saarland) aus. Die westdeutschen Länder übertrafen ferner mit 415 € die durchschnittliche Pro-

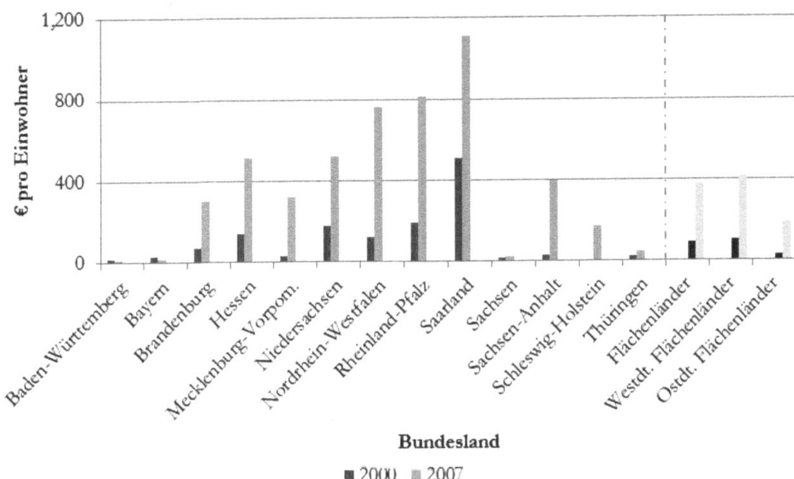

Abb. 3.7 Pro-Kopf-Verschuldung der kommunalen Kernhaushalte in Kassenverstärkungskrediten nach Bundesländern für die Jahre 2000 und 2007. (Quelle: eigene Darstellung, Daten nach Junkernheinrich und Micosatt (2008, S. 122))

Kopf-Verschuldung der ostdeutschen Länder mit 190 € deutlich. Nur zwei Bundesländer (Bayern und Baden-Württemberg) nutzten die positive konjunkturelle Entwicklung zwischen 2005 und 2007 um den Bestand an Kassenverstärkungskrediten zu reduzieren.

Fazit 4

In der vorliegenden Abhandlung stehen die finanzierungsrelevanten Aspekte des kommunalen Sektors in Deutschland im Vordergrund. Zum Aufbau eines grundlegenden Verständnisses wurde hierzu in die Systematik des kommunalen Produktionsprozesses sowie die ökonomischen Aktivitäten der Kommunen vor dem Hintergrund deren Auftrags zur Daseinsvorsorge eingeführt. Die Notwendigkeit zur Finanzierung dieser führt zu einem Zusammenspiel von Einnahmen und Ausgaben, das jedoch signifikante Diskrepanzen aufzeigt. Daraus ergibt sich für viele Kommunen in zunehmendem Maße der Zwang zur Aufnahme von Kreditschulden. Unter der Einbeziehung aktueller Entwicklungen in der Regulierung des Bankensektors als wichtigstem kommunalen Gläubiger kann festgestellt werden, dass die daraus resultierenden künftigen Herausforderungen bezüglich des kommunalen Finanzmanagements tendenziell weiter ansteigen werden.

Auch die Bundesländer haben realisiert, dass sich einige bis viele ihrer Kommunen in einem Status der Überschuldung befinden. Als Konsequenz sind in einigen Ländern Unterstützungs- bzw. Schuldenkonsolidierungsprogramme aufgelegt worden. Diese weisen im Einzelnen unterschiedliche organisationale Formen auf, verfolgen jedoch das gemeinsame Ziel, insbesondere die prekäre dauerhafte Verschuldung in Kassen- bzw. Liquiditätskrediten zu verringern. Derartige Entschuldungsprogramme erfordern von den Kommunen üblicherweise auch eine Eigenbeteiligung, die mitunter starke und unpopuläre Eingriffe in die eigene Finanzhoheit bedeuten. Davon ist die Einnahmebasis (z. B. durch Steuererhöhungen) ebenso betroffen wie die Ausgabebasis (z. B. durch geringere Produktion öffentlicher Güter und Dienstleistungen) – mitunter wird auch eine solidarische Beteiligung der wohlhabenderen Kommunen, die zu den überschuldeten Kommunen umverteilt wird, erfordert. Inwiefern die Maßnahmen in der Zukunft hinreichend erfolgreich sein werden, um das kommunale Überschulungsproblem zu lösen, kann im aktuellen, recht frühen Stadium nicht beurteilt werden.

M. Sidki, *Grundlagen kommunaler Finanzierung und Verschuldung*, essentials,
DOI 10.1007/978-3-658-04710-8_4,

Literatur

Articus, Stephan. 2010. Nachhaltige Stabilisierung der Stadtfinanzen nur durch Entlastung bei den Sozialausgaben. *Wirtschaftsdienst* 90 (5): 285–289.

Broer, Michael. 2003. Möglichkeiten zur Stabilisierung der kommunalen Einnahmen. *Wirtschaftsdienst* 83 (2): 132–136.

Brede, Helmut. 2003. In der Zange: Unternehmung der öffentlichen Hand unter dem Druck von Subsidiaritätsprinzip und Marktöffnung in Deutschland. *Zeitschrift für öffentliche und gemeinnützige Unternehmen* 26 (2): 176–185.

Buchanan, James M., und Charles J. Goetz. 1972. Efficiency limits of fiscal mobility: An assessment of the tiebout model. *Journal of Public Economic* 1 (1): 25–43.

Bundesministerium der Finanzen. 2010. Die Entwicklung der Gewerbesteuerumlage seit der Gemeindefinanzreform 1969. BMF Dokumentation.

Cronauge, Ulrich, und Georg Westermann. 2006. *Kommunale Unternehmen: Eigenbetriebe – Kapitalgesellschaften – Zweckverbände*. 5. Aufl. Berlin: Erich Schmidt.

Deubel, Ingolf. 2007. Vom kommunalen Stabilisierungsfonds zu einem Stabilisierungsfonds der Länder? *Wirtschaftsdienst* 87 (8): 512–518.

Deutsche Bundesbank. 2007. Zur Entwicklung der Gemeindefinanzen seit dem Jahr 2000. *Monatsbericht* Juli: 29–49.

Deutscher Städtetag. 2010a. Tabellenanhang des Gemeindefinanzberichts 2010. *der städtetag* 5/2010.

Deutscher Städtetag. 2010b. Städtetagspräsidentin Roth sieht Kommunen auf der Intensivstation. Interview von Petra Roth mit der Nachrichtenagentur DAPD.

Dietz, Otto. 2008. Indikatoren zur Beurteilung der Leistungsfähigkeit öffentlicher Haushalte. *Wirtschaft und Statistik* 10:862–866.

Döring, Thomas. 2007. Zur Forderung nach einer kommunalen Mindestfinanzausstattung. *Wirtschaftsdienst* 87 (2): 40–47.

Dombert, Matthias. 2006. Zur finanziellen Mindestausstattung von Kommunen. *Deutsches Verwaltungsblatt* 121 (18): 1136–1143.

Eichhorn, Peter. 1997. Ausgliederung als Instrument zur Flexibilisierung kommunaler Aufgabenerfüllung. In *Privatisierung kommunaler Aufgaben,* Hrsg. Fettig, Wolfgang und Lothar Späth, 96–102. Baden-Baden: Nomos.

Forsthoff, Ernst. 1938. *Die Verwaltung als Leistungsträger*. Stuttgart: Kohlhammer.

Friedl, Uwe. 2002. Methodische Probleme bei der Messung von Kosten und Leistungen bei Produkten der öffentlichen Verwaltung. *Zeitschrift für Kommunalfinanzen* 52 (7): 154–155.

M. Sidki, *Grundlagen kommunaler Finanzierung und Verschuldung,* essentials,
DOI 10.1007/978-3-658-04710-8, © Springer Fachmedien Wiesbaden 2014

Haucap, Justus. 2007. Daseinsvorsorge zwischen Beihilfekontrolle und globalem Wettbewerb. *Wirtschaftsdienst* 87 (11): 712–716.

Hrbek, Rudolf. 2007. Die politische Entwicklung der EU. *Wirtschaftsdienst* 87 (2): 75–79.

Ioachim, Erich. 1892. Zur Vorgeschichte der preussischen Städteordnung vom 19. November 1808. *Historische Zeitschrift* 68 (1): 84–89.

Junkernheinrich, Martin. 2010. Das Aufwachen nach dem Traum. *Wirtschaftsdienst* 90 (1): 4–5.

Junkernheinrich, Martin, und Gerhard Micosatt. 2008. *Kommunaler Finanz- und Schuldenreport Deutschland 2008 – Ein Ländervergleich.* Bertelsmann Stiftung.

Landsberg, Gerd. 2010. Städte und Gemeinde im Sog der Rezession. *Wirtschaftsdienst* 90 (5): 283–285.

Mancur, Olson. 1969. The principle of „Fiscal Equivalence": The division of responsibilities among different levels of government. *American Economic Review* 59 (2): 479–487.

Matschke, Manfred Jürgen, und Thomas Hering. 1998. *Kommunale Finanzierung.* München: Oldenbourg.

Matz, Jürgen. 2007. Abschied von Kommunalkredit? *Zeitschrift für Kommunalfinanzen* 57 (9): 198–203.

Mühlenkamp, Holger. 2006. Öffentliche Unternehmen aus der Sicht der Neuen Institutionenökonomik. *Zeitschrift für öffentliche und gemeinwirtschaftliche Unternehmen* 29 (4): 390–417.

Mühlenkamp, Holger. 2007. Daseinsvorsorge durch Staatliche oder private Unternehmen? *Wirtschaftsdienst* 87 (11): 707–712.

Oates, Wallace E. 1968. The theory of public finance in an federal system. *Canadian Journal of Economics* 1 (1): 37–54.

Oates, Wallace E. 1972. *Fiscal federalism.* New York: Harcourt Brace Jovanovich.

Peffekoven, Rolf. 2004. Gemeindefinanzen in desolatem Zustand. *Zeitschrift für das gesamte Kreditwesen* 57 (23): 32–34.

Rehm, Hannes. 2004. Kommunale Preispolitik. *Zeitschrift für öffentliche und gemeinwirtschaftliche Unternehmen* 27 (3): 261–284.

Rehm, Hannes, und Sigrid Matern-Rehm. 2010. *Kommunalfinanzen.* Wiesbaden: VS Verlag.

Rehm, Hannes, und Michael Tholen. 2005. *Management der öffentlichen Schuld: Befund, Probleme, Perspektiven.* Stuttgart: Deutscher Sparkassen Verlag.

Reidenbach, Michael. 2006. Kommunale Unternehmen tragen rund 50% der kommunalen Investitionstätigkeit. *Difu-Berichte* 1:24.

Reidenbach, Michael et al. 2008. Investitionsrückstand und Investitionsbedarf der Kommunen – Ausmaß, Ursachen, Folgen, Strategien. Deutsches Institut für Urbanistik, Edition Difu – Stadt Forschung Praxis Bd. 4.

Richter, Peter. 2007. *Die Bedeutung der kommunalen Wirtschaft: Eine vergleichende Ost-West-Analyse.* Berlin: edition sigma.

Sachverständigenrat zur Begutachtung der gesamtwirtschaftlichen Entwicklung. 2007. *Staatsverschuldung wirksam begrenzen, Expertise im Auftrag des Bundesministers für Wirtschaft und Technologie.*

Samuelson, Paul A. 1954. The pure theory of public expenditure. *The Review of Economics and Statistics* 36 (4): 387–389.

Schläpfer, Felix, und Peter Zweifel. 2010. Nutzenmessung bei öffentlichen Gütern: Konzeptionelle und empirische Probleme in der Praxis. *Wirtschaftsdienst* 88 (3): 210–216.

Schmid, Hansdieter. 2001. Wirtschaftliche Betätigung der Kommunen. *Zeitschrift für Kommunalfinanzen* 51 (11): 242–248.

Schöneich, Michael. 2007. Sollten Güter der Daseinsvorsorge in staatlichen oder privaten Unternehmen erstellt werden? *Wirtschaftsdienst* 87 (11): 716–719.

Schwarting, Gunnar. 2001a. Liberalisierung im öffentlichen Sektor – Gedanken zur aktuellen Diskussion. *Finanzwirtschaft* 55 (8): 199–202.

Schwarting, Gunnar. 2001b. Kommunale Wirtschaft – Vor großen Herausforderungen. *Zeitschrift für öffentliche und gemeinwirtschaftliche Unternehmen* 24 (3): 286–307.

Schwarting, Gunnar. 2006. *Der kommunale Haushalt: Haushaltswirtschaft – Haushaltssteuerung – Kameralistik und Doppik*. 3. Aufl. Berlin: Erich Schmidt.

Schwarting Gunnar. 2007. *Kommunales Kreditwesen: Haushaltsrechtliche Grundlagen, Schuldenmanagement, öffentlich-private Partnerschaften*. 3. Aufl. Berlin: Erich Schmidt.

Schwarting, Gunnar. 2008. Haushaltskonsolidierung – ein aktuelles Thema. *Zeitschrift für Kommunalfinanzen* 58 (12): 265–271.

Schwarting, Gunnar. 2010. *Der kommunale Haushalt: Haushaltswirtschaft – Haushaltssteuerung – Doppik – Finanzpolitik*. 4. Aufl. Berlin: Erich Schmidt.

Statistisches Bundesamt. 2010. *Vierteljährliche Kassenergebnisse des öffentlichen Gesamthaushalts, 1.-4.* Vierteljahr 2009.

Statistisches Bundesamt. 2011. *Finanzen und Steuern: Schulden der öffentlichen Haushalts 2010*. Fachserie 14 Reihe 5.

Statistisches Bundesamt. 2012. *Volkswirtschaftliche Gesamtrechnungen: Inlandsproduktsberechnung Lange Reihen ab 1970*. Fachserie 18 Reihe 1.5.

Steffen, Karl-Heinz. 2001. *Das wirtschaftliche Handeln der Kommunen auf dem Prüfstand*. München: Hampp.

Stüer, Bernhard, und Uwe Schmalenbach. 2006. Rechtsgrundlagen der Kommunalwirtschaft. *Nordrhein-Westfälische Verwaltungsblätter* 20 (5): 161–170.

Tiebout, Charles M. 1956. A pure theory of local expenditures. *Journal of Political Economy* 64 (5): 416–424.

Vaubel, Roland. 1997. The constitutional reform of the European Union. *European Economic Review* 41 (3–5): 443–450.

Vaubel, Roland. 2007. Die politisch-ökonomischen Ursachen der Zentralisierungsdynamik. *Wirtschaftsdienst* 87 (2): 84–88.

Wagener, Sibylle. 2005. Zur korrekten Erfassung der staatlichen Verschuldung. *Wirtschaftsdienst* 85 (8): 522–526.

Williams, Alan. 1966. The optimal provision of public goods in a system of local governments. *Journal of Political Economy* 71 (1): 18–33.

Zimmermann, Horst. 2006. Kommunale Verschuldung – Wozu? *Wirtschaftsdienst* 86 (6): 391–397.